中国共产党军事工作重要文献选编

第三卷

中共中央党史和文献研究院
中国人民解放军军事科学院 编

中央文献出版社
解放军出版社

出 版 说 明

　　强国必须强军，军强才能国安。中国共产党已走过百年奋斗历程，在革命、建设、改革各个历史时期坚持把马克思主义基本原理同中国革命战争和人民军队建设实践相结合，创建和培育了人民军队，创造了具有中国特色的马克思主义军事理论成果。人民军队在党的旗帜下前进，形成了一整套建军治军原则，发展了人民战争的战略战术，培育了特有的光荣传统和优良作风，为党和人民建立了不朽功勋，成为保卫红色江山、维护民族尊严的坚强柱石，成为维护地区和世界和平的强大力量。

　　为全面回顾和总结百年来党的军事工作的光辉历程和伟大成就，系统反映党的军事指导理论的丰富发展，特别是党的十八大以来推进强军事业的理论和实践创新，经中共中央批准，我们编辑了《中国共产党军事工作重要文献选编》。深入学习这些重要文献，对于帮助广大干部群众和官兵深刻认识坚持党对人民军队绝对领导的极端重要性，加快国防和军队现代化、如期实现建军一百年奋斗目标、把人民军队建成世界一流军队，全面建设社会主义现代化国家、全面推进中华民族伟大复兴，具有重要意义。

　　这部重要文献集收入中国共产党自一九二一年七月成立至二〇二二年十月二十大召开期间关于军事工作的重要文献共一百一十九篇。其中，毛泽东、邓小平、江泽民、胡锦涛、习近平同志的文稿九十八篇；中国共产党重要会议的文件，中共中央、全国人大、国务院、中央军委的决议、决定、建议、意见、指示、命令、通知和颁布发表的法律、条例、白皮书等二十一篇。部分文献是第一次公开发表。文献集分为三卷：第一卷收入新民主主义革命时期、社会主义革命和建设时期的文献，第二卷收入改革开放和社会主义现代化建设新时期的文献，第三卷收入中国特色社会主义新时代的文献。

中共中央党史和文献研究院

中国人民解放军军事科学院

二〇二三年七月

目　录

中国特色社会主义新时代

努力把国防和军队建设不断推向前进[*]

（二〇一二年十一月十六日）

习 近 平

军委班子和军队高级干部在领导国防和军队建设中肩负着重大历史责任。我们要始终保持清醒头脑，增强忧患意识，倍加珍惜一代代官兵不懈奋斗取得的巨大成就，倍加珍惜长期实践中积累的宝贵经验，倍加珍惜当前军队建设发展的大好局面，忠心耿耿为党和人民工作，努力把国防和军队建设不断推向前进。

第一，必须把学习贯彻党的十八大精神作为首要政治任务抓紧抓好。刚刚闭幕的党的十八大开得非常成功，对于团结动员全党全军全国各族人民继续推进全面建成小康社会进程、加快推进社会主义现代化、坚持和发展中国特色社会主义具有十分重大的意义。全面贯彻落实党的十八大精神，是当前和今后一个时期全党全军

---

* 这是习近平同志在中央军委扩大会议上讲话的一部分。

的首要政治任务。军队在这方面要努力走在前列。各级要按照党中央、中央军委的部署，精心设计谋划，加强组织领导，在全军迅速兴起学习贯彻党的十八大精神的热潮，切实将官兵的思想和行动统一到党的十八大精神上来，把智慧和力量凝聚到完成党的十八大确定的各项任务上来。学习贯彻党的十八大精神，要在深入领会报告的主题和重大理论观点、重大战略思想、重大工作部署上下功夫，在掌握中国特色社会主义理论体系所蕴含的马克思主义立场、观点、方法上下功夫，在坚定对马克思主义的信仰、对中国特色社会主义的信念、对改革开放和社会主义现代化建设的信心、对党中央的信赖上下功夫，在武装头脑、指导实践、推动工作上下功夫。要深入学习贯彻科学发展观，学习党关于新形势下国防和军队建设思想，牢固确立科学发展观在国防和军队建设中的指导地位，深刻把握新形势下国防和军队建设的特点规律。各级领导干部在学习贯彻党的十八大精神中要坚持学在前面、用在前面，做真学真懂真信真用的模范。

第二，必须毫不动摇坚持党对军队的绝对领导。我军是执行党的政治任务的武装集团，保证党对军队的绝对领导，关系我军性质和宗旨、关系社会主义前途命运、关系党和国家长治久安，是我军的立军之本和建军之魂。从这些年思想政治领域的斗争形势看，要不要坚持党对军队的绝对领导，始终是我们同各种敌对势力斗争的一个焦点。他们极力鼓吹"军队非党化、非政治化"和"军队国家化"，妄图改变我军性质，把我军从党的旗帜下拉出去。在这个重大原则问题面前，我们必须头脑清醒、态度鲜明、立场坚定。现在，我军领导干部又进入一个新老交替的重要时期，一大批年轻同志走上各级领导岗位包括高层领导岗位。这是我党我军后继有人、兴旺发达的表现。但是，也要看到，一些年轻同志缺乏对马克思主义理论的系统学习，缺乏对党的优良传统的深入了解，缺乏艰苦环境和复杂斗争的锻炼，对于党指挥枪的极端重要性往往认识不足、认识不透。另外，军队所处的社会环境、我军使命任务、官兵成分结构等也都发生了很大变化。对这些情况，我们要有清醒认识。要始终把思想政治建设摆在军队各项建设首位，加强理论武装，强化军魂教育，持续深入培育当代革命军人核心价值观，组织官兵认真学习党史军史，使坚持党对军队的绝对领导在官兵思想中深深扎根，确保全军在任何时候任何情况下都坚决听从党中央、中央军委指挥。要加强军队党的建设，严格执行党领导军队的一系列根本制度，增强各级党组织的创造力、凝聚力、战斗力，确保党从思想上政治上组织上牢牢掌握部队。要坚持从政治上考察和使用干部，使枪杆子始终掌握在忠于党的可靠的人手中。要严肃政治纪律和组织纪律，坚决维护党中央、中央军委权威，确保政令军令畅通。

第三，必须坚决完成各项军事斗争任务。我国发展

仍处于可以大有作为的重要战略机遇期，但重要战略机
遇期的内涵和条件发生新的变化，其中一个突出的方面
是国际和周边安全环境更趋复杂，维护国家安全面临一
些值得高度关注和认真对待的新情况新问题。全军要深
刻认识军队在国家安全和发展战略全局中的重要地位和
作用，坚持把国家主权和安全放在第一位，坚持军事斗
争准备的龙头地位不动摇，全面提高信息化条件下威慑
和实战能力，坚决维护国家主权、安全、发展利益。要
重视做好遂行维护社会稳定任务各项准备，为维护社会
大局稳定提供强大力量支持。全军要坚持把军事训练摆
在战略位置，坚持从实战需要出发从难从严训练，不断
提高部队实战化水平。

第四，必须按照全面建设的思想努力推进军队的革
命化现代化正规化建设。注重全面建设，是我们在军队
建设长期实践中形成的一条基本经验。毛主席领导制定
的建设优良的现代化革命军队的总方针，邓主席提出的
建设一支强大的现代化正规化革命军队的总目标，江主
席提出的政治合格、军事过硬、作风优良、纪律严明、
保障有力的总要求，胡主席提出的按照革命化现代化正
规化相统一的原则加强军队全面建设的重要思想，深刻
揭示了军队建设的客观规律，一以贯之地体现了全面建
设的思想，是我们搞好军队建设的基本遵循。军队建设
是一个整体，革命化决定着军队建设的性质和方向，现
代化是军队全部工作的中心，正规化是军队建设的重要

基础，革命化现代化正规化相互联系、相互促进、不可分割。我们要坚持用全面的观点抓建设，统一筹划和全面推进革命化现代化正规化建设，推动军事、政治、后勤、装备等各领域工作全面发展，不断提高军队建设整体水平。加强军队全面建设，必须认真贯彻新时期积极防御军事战略方针，积极推动军事战略创新发展，充分发挥军事战略对军队各项建设和工作的统揽作用。要深入推进中国特色军事变革，加快机械化和信息化建设复合发展，努力构建中国特色现代军事力量体系。

第五，必须始终保持我军光荣传统和优良作风。我们所从事的国防和军队现代化事业，是一代代人接力推进的伟大事业。我们已经走出了一条有中国特色的国防和军队现代化路子，取得了历史性巨大成就。但是，与实现我们的远大目标的要求相比仍有很大差距，还有很长的路要走。现在，继续推进国防和军队现代化的重任，历史地落在了我们的肩上。我们要继承和发扬毛主席、邓主席、江主席、胡主席培育的光荣传统和优良作风，艰苦奋斗，顽强拼搏，在新形势下奋力推进国防和军队现代化。军队高级干部在这方面首先要身体力行、率先垂范。军委近期将专门研究出台关于加强作风建设的若干规定。在长期和平环境下，我军始终面临着精神懈怠的危险。要坚持不懈加强我军光荣传统和优良作风教育，加强战斗精神培育，加强部队组织纪律性，引导官兵强化忧患意识、危机意识、使命意识，抵御拜金主义、享乐主义、个人主义的侵蚀，做到信念不动摇、思想不松懈、斗志不衰退、作风不涣散，始终保持坚定的革命意志和旺盛的战斗精神。要切实加强军队反腐倡廉建设。军队高级干部要旗帜鲜明反对腐败，带头遵守廉洁自律各项规定。要从王守业、谷俊山等案件中吸取教训，举一反三，警钟长鸣，切实管好自己，管好配偶、子女和身边工作人员，决不谋私利，决不搞特权。要全面贯彻党的干部路线方针政策，坚持任人唯贤，坚持五湖四海，反对任人唯亲，反对跑官要官，对搞权钱交易、买官卖官的，要从严查处，坚决纠正用人上的不正之风。这里要强调的是，年终岁尾，各部队在进行兵员补退、改选士官、评功评奖等工作中，要加强思想教育，严肃各项纪律，切实做到风清气正。

我相信，有党中央、中央军委的坚强领导，有全国人民的大力支持，有全军上下的团结奋斗，到二〇二〇年我们完全可以按计划完成基本实现机械化、信息化建设取得重大进展的任务，在此基础上再用三十年的时间不懈努力，到本世纪中叶也就是新中国成立一百年时，就一定能够实现国防和军队现代化的宏伟目标！

牢记强军之魂强军之要强军之基*

（二〇一二年十二月十日）

习　近　平

前不久，我参观了《复兴之路》展览，提出实现中华民族伟大复兴是中华民族近代以来最伟大的梦想。我想说，这个伟大的梦想，就是强国梦，对于军队来讲，也是强军梦。所以，我们要实现中华民族伟大复兴，一定要继续积极努力，坚持富国和强军相统一，建设巩固国防和强大军队。在这里，我向同志们提出三点要求：

一是要牢记，坚决听党指挥是强军之魂，必须毫不动摇地坚持党对军队的绝对领导，听从党的绝对指挥，永远听党的话、跟党走。

二是要牢记，能打仗、打胜仗是强军之要，必须按照打仗这个标准搞建设抓准备，确保军队能够做到召之即来、来之能战、战之必胜。

三是要牢记，依法治军、从严治军是强军之基，必

---

* 这是习近平同志在与驻广州部队师以上领导干部合影后即席讲话的一部分。

须保持严明的作风和铁的纪律，确保部队的高度集中统一和安全稳定。

在实现中华民族伟大复兴的征程中，英雄的人民军队一定能够发扬传统、继往开来，有效履行肩负的历史使命。

牢固确立战斗力这个唯一的根本的标准[*]

（二〇一二年十二月二十六日）

习 近 平

　　牢固确立战斗力标准。最近一段时间，我在军队强调最多的，就是要求军队能打仗、打胜仗，牢固确立战斗力这个唯一的根本的标准。这一点，对军队实在太重要了。军队首先是一个战斗队，是为打仗而存在的。虽然我军在不同时期担负的具体任务不同，但作为战斗队的根本职能始终没有改变。军队建设必须把提高战斗力作为出发点和落脚点，向能打仗、打胜仗的要求聚焦。一旦发生战事，军队必须能决战决胜。如果军队在战场上打不赢，那是要产生严重政治后果的！这个道理，全军同志必须牢记在心。要把战斗力标准贯穿到军队建设全过程和各方面，强化官兵当兵打仗、带兵打仗、练兵打仗的思想，使部队始终保持召之即来、来之能战、战之必胜的战备状态。

---

　　[*] 这是习近平同志在中央军委扩大会议上讲话的一部分。

牢牢把握强军目标，
建设一支强大人民军队[*]

（二〇一三年三月十一日）

习 近 平

建设强大的人民军队是我们党的不懈追求。在各个历史时期，我们党都根据形势任务的变化，及时提出明确的目标要求，引领我军建设不断向前发展。在去年年底军委扩大会议上，经过广泛征求意见和深入思考，我提出要为建设一支听党指挥、能打胜仗、作风优良的人民军队而奋斗。这是总结我们党建军治军成功经验、适应国际战略形势和国家安全环境发展变化、着眼于解决军队建设所面临的突出矛盾和问题提出来的，是党在新形势下的强军目标。这一目标明确了加强军队建设的聚焦点和着力点，听党指挥是灵魂，决定军队建设的政治方向；能打胜仗是核心，反映军队的根本职能和军队建设的根本指向；作风优良是保证，关系军队的性质、宗

---

[*] 这是习近平同志在十二届全国人大一次会议解放军代表团全体会议上讲话的一部分。

旨、本色。这三者相互联系、密不可分，与我军一以贯之的建军治军指导思想和方针原则是一致的，与革命化现代化正规化建设相统一的全面建设思想是一致的。全军要准确把握这一强军目标，用以统领军队建设、改革和军事斗争准备，努力把国防和军队建设提高到一个新水平。

我军作为执行党的政治任务的武装集团，必须把听党指挥作为军队建设的首要，确保部队绝对忠诚、绝对纯洁、绝对可靠。我军是党缔造的，一诞生便与党紧紧地联系在一起，始终在党的绝对领导下行动和战斗。我们党是马克思主义政党，是全心全意为人民服务的政党，只有坚持党对军队的绝对领导，才能从根本上保证人民军队的性质。八十多年来，我军之所以能始终保持强大的凝聚力、向心力、战斗力，经受住各种考验，不断从胜利走向胜利，最根本的就是靠党的坚强领导。如果丢掉了这一条，军队就会变质。任何时候任何情况下，我军都必须铸牢听党指挥这个强军之魂，坚持党对军队绝对领导的根本原则和人民军队的根本宗旨不动摇，贯彻执行党的理论和路线方针政策不动摇，始终忠于党、忠于社会主义、忠于祖国、忠于人民，做到一切行动听从党中央和中央军委指挥。各种敌对势力总是幻想着在我军这座钢铁长城上打开缺口，千方百计对我军进行意识形态渗透，极力鼓吹"军队非党化、非政治化"和"军队国家化"，说到底就是妄图使我军脱离党的领导。现在，我军官兵成分结构发生了很大变化，一些同志对党指挥枪的极端重要性缺乏足够认识，这个现象要引起我们高度重视。要坚持把从思想上政治上建设和掌握部队摆在突出位置，按照走在前列要求深入学习贯彻党的十八大精神，深入开展中国特色社会主义宣传教育，持续培育当代革命军人核心价值观，大力发展先进军事文化，扎实搞好"坚定信念、铸牢军魂"主题教育活动，组织官兵认真学习党史军史，坚定党对军队绝对领导的政治自信和政治自觉，打牢官兵高举旗帜、听党指挥的思想政治基础。要全面加强军队党的建设，保持党员队伍的先进性和纯洁性，把各级党组织建设成为坚强领导核心和战斗堡垒。要端正选人用人导向，坚持从政治上考察和使用干部，确保枪杆子永远掌握在忠于党的可靠的人手中。

军队首先是一个战斗队，必须坚持一切建设和工作向能打胜仗聚焦。我们坚持走和平发展道路，决不干称王称霸的事，决不会搞侵略扩张，但如果有人要把战争强加到我们头上，我们必须能决战决胜。我们渴望和平，但决不会因此而放弃我们的正当权益，决不会拿国家的核心利益做交易。能战方能止战，准备打才可能不必打，越不能打越可能挨打，这就是战争与和平的辩证法。俗话说，文无第一，武无第二。我军素以能征善战著称于世，创造过许多辉煌的战绩。同时，我们必须看到，能打胜仗的能力标准是随着战争实践发展而不断变化的，以前能打胜仗不等于现在能打胜仗。我军打现代化战争能力不够，各级干部指挥现代化战争能力不够，这两个问题依然很现实地摆在我们面前。我们必须扭住能打仗、打胜仗这个强军之要，强化官兵当兵打仗、带兵打仗、练兵打仗思想，牢固树立战斗力这个唯一的根本的标准，按照打仗的要求搞建设、抓准备，确保部队召之即来、来之能战、战之必胜。要与时俱进加强军事战略指导，坚持不懈拓展和深化军事斗争准备，扭住核心军事能力建设不放松，统筹安排并抓好非战争军事行动能力建设，把各项准备工作往前头赶、朝实里抓。要推动信息化建设加速发展，扎实抓好新型作战力量建设，大力发展高新技术武器装备，加快全面建设现代后勤步伐，加强高素质新型军事人才培养，深化国防和军队改革，构建中国特色现代军事力量体系。军事训练是未来战争的预演。要在全军形成大抓军事训练的鲜明导向，从实战需要出发从难从严训练部队，着力提高军事训练实战化水平，使部队都练就过硬的打赢本领。在相对和平环境中，我军始终面临精神懈怠的危险，一些官兵容易滋生松懈麻痹思想。要加强战斗精神培育，教育引导全军大力发扬我军大无畏的英雄气概和英勇顽强的战斗作风，保持旺盛革命热情和高昂战斗意志。

作风优良是我军的鲜明特色和政治优势，必须把作风建设作为军队一项基础性长期性工作抓紧抓实，永葆人民军队政治本色。古往今来，作风优良才能塑造英雄部队，作风松散可以搞垮常胜之师。在长期实践中，我军培育和形成了一整套光荣传统和优良作风，把这些宝贵精神财富一代代传下去，关系军队建设全局。现在，社会环境变化了，军队不是也不可能生活在真空中，社会上一些不良风气在部队都会有所表现，一些病菌也在不断侵蚀部队的肌体。有病就要治，而且大病小病都要治，要及时治。如果讳疾忌医，小病拖成了大病，宿疾难医，军队就不成其为军队，更谈不上能打胜仗了！"木之折也必通蠹，墙之坏也必通隙。"如果我们不能及时解决自身存在的问题，任其发展下去，就会自毁长城啊！这绝不是危言耸听。按照军委统一部署，全军上下正在大抓作风建设，取得了初步成效。这只是开端、只是破题，必须常抓不懈、一抓到底，决不能搞一阵风、一阵子。现在，我们制定的规定和要求涉及部队中存在的一些问题，但有些深层次问题还没有触及。下一步，要把改进作风工作引向深入，贯彻到军队建设和管理每个环节，真正在求实、务实、落实上下功夫。全军要夯实依法治军、从严治军这个强军之基，坚持以纪律建设为核心，旗帜鲜明反对腐败、反对特权，坚决反对和纠正形式主义、官僚主义、弄虚作假、奢侈浪费等问题，保持人民军队长期形成的良好形象。要扎实抓好"学习贯彻党章、弘扬优良作风"教育活动，认真贯彻整风精神，着力纠正官兵反映强烈的突出问题，特别是发生在士兵身边的不正之风。基层是部队全部工作和战斗力的基础。各级要强化强基固本思想，把工作重心放在基层，研究解决基层建设中的突出矛盾和问题，推动基层建设全面进步。

把改进工作作风作为推进各项工作的突破口*

（二〇一三年七月八日）

习 近 平

　　打铁还需自身硬。无论是对中央政治局还是对中央军委来说，我的一个基本考虑就是从我们自身抓起，把改进工作作风作为推进各项工作的突破口。提出这个问题，我是经过反复思考的，同时也是根据各方面反映，根据江主席、胡主席和一些老同志的意见郑重提出来的。现在，党内存在着不少形式主义、官僚主义的东西，不少铺张浪费、豪华奢侈的东西，如果不抓紧解决，就难以把党的十八大提出的各项目标任务落到实处。对这些现象不能安之若素、司空见惯、见怪不怪。

　　新一届中央政治局成立伊始，就抓了作风建设。我在中央政治局讨论八项规定时讲过，制定这方面的规矩，指导思想就是从严要求，体现党要管党、从严治

---

* 这是习近平同志在中央军委专题民主生活会上讲话的一部分。

党；党风廉政建设，要从领导干部做起，领导干部首先要从中央领导做起，正所谓"己不正，焉能正人"。

同时，我也交待抓紧研究军委关于加强作风建设的方案。经过充分征求意见，军委搞了十项规定。这个规定与中央八项规定精神是一致的，是我亲自审定批准的。军委十项规定出台后，产生了很好的反响，在座的每位同志都身体力行。军委从自身严起的做法，带动了各级改进作风。大家反映，军委给全军带了个好头。

俗话说，"风成于上，俗化于下"。改进作风必须自上而下、以上率下。对军队来说，就从军委做起，军委就从我本人做起。

在去年底的军委扩大会议上，我就严肃讲过，今后凡是打着我的亲朋好友旗号来找你们办事的，做法就两条，一是坚决让他办不成，二是及时报告。让他办不成，我会表扬你；让他办成了，只能说你办了一件坏事，办了一件给我抹黑的事。我这样说绝不是摆摆姿态的，而且一直是这么做的。现在，我重申这个态度，希望大家也这样做。我们是共产党人，决不能搞"一人得道、鸡犬升天"那一套。

在改进工作作风上，我很重视调查研究。开展调查研究就是走群众路线，没有调查就没有发言权，就没有决策权。对高级干部来说，能不能坚持群众观点？能不能接地气？要做到这一点，坚持调查研究是一种很重要的方式。我以前讲过，当县委书记一定要跑遍所有的村，当市委书记一定要跑遍所有的乡镇，当省委书记一定要跑遍所有的县市区。作为军委主席，我应该拿出更多时间和精力，尽可能多地到部队走一走，到官兵特别是基层官兵中看一看，就军队发展带方向性、全局性、根本性的重大问题进行深入调研。近八个月来，我去了第二炮兵，广州、兰州、成都战区，武警部队，两次到海军南海舰队和总装某基地，还到了空军某试验训练基地等单位。每次下去，我都明确告诉部队，就是来调研，大家要讲真话、讲实话。

去部队调研，我要求严格按照中央八项规定和军委十项规定办，具体活动方案我亲自审定，轻车简从，不封路，不扰民。去年十二月五日第一次到军队大单位，去第二炮兵机关，我特意叮嘱不要封路。我们坐的车和社会车辆一起走，虽然路上花的时间稍微长一点，但也没耽误什么事。我在中央政治局会议上讲，多花几分钟能赢得群众支持，这是千值万值的啊！

下部队，我要求不搞特殊化。最好就吃战士灶，战士吃什么我吃什么。上一七一舰，我就到水兵餐厅就餐，自己拿着餐盘同战士们一起排队打饭菜，一张桌子吃饭，边吃边拉家常，气氛融洽，也了解了官兵日常生活。这也是调查研究，很好嘛！虽然在我们看来这是小事，但战士们会认为这是大事，甚至是他们终生难忘的事情。作风好不好就体现在这些细节当中，广大官兵就是通过这样一点一滴的事情观察我们。

军委十项规定要求，公务活动不安排宴请、不喝酒。既然作了规定，就要严格遵守。今天突破一点，明天突破一点，上面放开一点，下面放开一点，总有一天就守不住了。

既然规矩定了，就要抓落实。抓而不紧，等于不抓。希望军委的同志继续带头执行好中央八项规定精神和军委十项规定。我作为军委主席既要对军委工作负责，也要对这个班子负责，所以我有责任提醒和监督军委每个同志，也希望大家对我进行提醒和监督。

深化国防和军队改革[*]

（二〇一三年十一月十二日）

紧紧围绕建设一支听党指挥、能打胜仗、作风优良的人民军队这一党在新形势下的强军目标，着力解决制约国防和军队建设发展的突出矛盾和问题，创新发展军事理论，加强军事战略指导，完善新时期军事战略方针，构建中国特色现代军事力量体系。

（55）深化军队体制编制调整改革。推进领导管理体制改革，优化军委总部领导机关职能配置和机构设置，完善各军兵种领导管理体制。健全军委联合作战指挥机构和战区联合作战指挥体制，推进联合作战训练和保障体制改革。完善新型作战力量领导体制。加强信息化建设集中统管。优化武装警察部队力量结构和指挥管理体制。

优化军队规模结构，调整改善军兵种比例、官兵比例、部队与机关比例，减少非战斗机构和人员。依据不同方向安全需求和作战任务改革部队编成。加快新型作

---

* 这是中国共产党第十八届中央委员会第三次全体会议通过的《中共中央关于全面深化改革若干重大问题的决定》的第十五部分。

* 这是中国共产党第十八届中央委员会第三次全体会议通过的《中共中央关于全面深化改革若干重大问题的决定》的第十五部分。

战力量建设。深化军队院校改革，健全军队院校教育、部队训练实践、军事职业教育三位一体的新型军事人才培养体系。

（56）推进军队政策制度调整改革。健全完善与军队职能任务需求和国家政策制度创新相适应的军事人力资源政策制度。以建立军官职业化制度为牵引，逐步形成科学规范的军队干部制度体系。健全完善文职人员制度。完善兵役制度、士官制度、退役军人安置制度改革配套政策。

健全军费管理制度，建立需求牵引规划、规划主导资源配置机制。健全完善经费物资管理标准制度体系。深化预算管理、集中收付、物资采购和军人医疗、保险、住房保障等制度改革。

健全军事法规制度体系，探索改进部队科学管理的方式方法。

（57）推动军民融合深度发展。在国家层面建立推动军民融合发展的统一领导、军地协调、需求对接、资源共享机制。健全国防工业体系，完善国防科技协同创新体制，改革国防科研生产管理和武器装备采购体制机制，引导优势民营企业进入军品科研生产和维修领域。改革完善依托国民教育培养军事人才的政策制度。拓展军队保障社会化领域。深化国防教育改革。健全国防动员体制机制，完善平时征用和战时动员法规制度。深化民兵预备役体制改革。调整理顺边海空防管理体制机制。

正确把握深化国防和军队
改革的指导原则[*]

（二〇一四年三月十五日）

习　近　平

我总的感到，随着我军开启强军新征程，深化国防和军队改革关键是要牵住牛鼻子。牛鼻子是什么？就是党在新形势下的强军目标。要坚持用强军目标审视改革、以强军目标引领改革、围绕强军目标推进改革。

第一，牢牢把握坚持改革正确方向这个根本。我多次讲，我们不能在根本性问题上出现颠覆性错误。深化国防和军队改革的一个重点是领导指挥体制，这方面改革历来具有高度的政治敏感性。西方敌对势力一直想把我军从党的旗帜下拉出去，企图诱导我们自己搞垮自己。对此，我们一定要明察秋毫，在改什么、不改什么的问题上要有战略定力。要充分认识到，深化国防和军队改革是中国特色社会主义军事制度自我完善和发展，

---

* 这是习近平同志在中央军委深化国防和军队改革领导小组第一次全体会议上讲话的一部分。

是为了更好发挥中国特色社会主义军事制度的优势。改革不是改向，变革不是变色。改革是要更好坚持党对军队的绝对领导，更好坚持人民军队的性质和宗旨，更好坚持我军的光荣传统和优良作风。在这些根本政治原则问题上，不能有丝毫差池。

第二，牢牢把握能打仗、打胜仗这个聚焦点。关于军队建设和改革，我想的最多的就是，在党和人民需要的时候，我们这支军队能不能拉得上去、打胜仗，各级指挥员能不能带兵打仗、指挥打仗。从实际情况看，这方面短板和弱项还很突出，有的甚至是致命的，令人揪心！大家都有感受，都认为不改革是打不了仗、打不了胜仗的。我们要树立向改革要战斗力的思想，坚持以军事斗争准备为龙头，坚持问题导向，把改革主攻方向放在军事斗争准备的重点难点问题上，放在战斗力建设的薄弱环节上，进一步解放和发展战斗力，着力提高我军实战化水平。

第三，牢牢把握军队组织形态现代化这个指向。国防和军队现代化是武器装备现代化、军事人才现代化、军队组织形态现代化全面协调发展的进程。没有军队组织形态现代化，就没有国防和军队现代化。这些年，我们集中力量抓了高新技术武器装备建设，武器装备技术状况有了很大改善。相对而言，在军队组织形态方面存在的问题更突出一些，深入推进军队组织形态现代化任务更加紧迫。我们要适应战争形态加速演变新趋势，适应国家由大向强发展新形势，适应军队使命任务拓展新要求，深入推进领导指挥体制、力量结构、政策制度等方面改革，为建设巩固国防和强大军队、赢得军事竞争优势提供有力制度支撑。深化国防和军队改革是一场整体性变革，要把握改革举措的关联性和耦合性，使各项改革相互促进、相得益彰，形成总体效应、取得总体效果。

第四，牢牢把握积极稳妥这个总要求。开弓没有回头箭。我们要牢固树立进取意识、机遇意识、责任意识，只要有利于坚持党对军队绝对领导，有利于能打仗、打胜仗，有利于保持人民军队光荣传统和优良作风，该改的就要抓紧改、大胆改、坚决改，不能议而不决、决而不行。同时，推进改革胆子要大，但步子一定要稳。深化改革涉及面广，重大改革举措牵一发而动全身，必须稳妥审慎，战略上勇于进取，战术上稳扎稳打，步步为营，积小胜为大胜。改革举措出台之前，必须反复论证和科学评估，力求行之有效。

深入推进依法治军从严治军[*]

（二〇一四年十月二十三日）

深入推进依法治军从严治军。党对军队绝对领导是依法治军的核心和根本要求。紧紧围绕党在新形势下的强军目标，着眼全面加强军队革命化现代化正规化建设，创新发展依法治军理论和实践，构建完善的中国特色军事法治体系，提高国防和军队建设法治化水平。

坚持在法治轨道上积极稳妥推进国防和军队改革，深化军队领导指挥体制、力量结构、政策制度等方面改革，加快完善和发展中国特色社会主义军事制度。

健全适应现代军队建设和作战要求的军事法规制度体系，严格规范军事法规制度的制定权限和程序，将所有军事规范性文件纳入审查范围，完善审查制度，增强军事法规制度科学性、针对性、适用性。

坚持从严治军铁律，加大军事法规执行力度，明确执法责任，完善执法制度，健全执法监督机制，严格责

---

* 本篇节自中国共产党第十八届中央委员会第四次全体会议通过的《中共中央关于全面推进依法治国若干重大问题的决定》的第七部分"加强和改进党对全面推进依法治国的领导"。

任追究，推动依法治军落到实处。

健全军事法制工作体制，建立完善领导机关法制工作机构。改革军事司法体制机制，完善统一领导的军事审判、检察制度，维护国防利益，保障军人合法权益，防范打击违法犯罪。建立军事法律顾问制度，在各级领导机关设立军事法律顾问，完善重大决策和军事行动法律咨询保障制度。改革军队纪检监察体制。

强化官兵法治理念和法治素养，把法律知识学习纳入军队院校教育体系、干部理论学习和部队教育训练体系，列为军队院校学员必修课和部队官兵必学必训内容。完善军事法律人才培养机制。加强军事法治理论研究。

古田会议奠基的我军政治工作对我军生存发展起到了决定性作用[*]

（二〇一四年十月三十一日）

习　近　平

　　古田是我们党确立思想建党、政治建军原则的地方，是我军政治工作奠基的地方，是新型人民军队定型的地方。到这里开会具有标志性意义。古田这个地方，我是很熟悉的，多次到过这里。我军政治工作萌芽于大革命时期，创立于建军之初，奠基于古田会议，在长期革命、建设、改革实践中不断丰富和发展。上午，在古田会议旧址和纪念馆现场，先辈们探寻革命道路时筚路蓝缕、艰辛奋斗的情景，一幕幕浮现在我的脑海中。古田会议是在红军生死存亡的紧要关头召开的。当时，毛泽东、朱德、陈毅同志率领红四军主力从井冈山下来，在转战赣南、闽西的过程中，部队发生了关于建军原则的争论。红四军第八次党代会后，红四军出击东江失

＊　这是习近平同志在全军政治工作会议上讲话的一部分。

败，部队思想混乱、士气低迷，面临着严峻考验。根据"中央九月来信"，红四军召开第九次党代会，纠正和肃清各种非无产阶级思想，形成了我党我军历史上著名的古田会议决议。这次会议确立了马克思主义建党建军原则，确立了我军政治工作的方针、原则、制度，提出了解决把以农民为主要成分的军队建设成为无产阶级性质的新型人民军队这个根本性问题的原则方向。

历史，往往在经过时间沉淀后可以看得更加清晰。回过头来看，古田会议使我们这支军队实现了浴火重生、凤凰涅槃。从那儿以后，在党领导下，我军由小到大、由弱到强，不断从胜利走向胜利。古田会议奠基的我军政治工作对我军生存发展起到了决定性作用。

去年十二月二十六日，我在纪念毛泽东同志诞辰一百二十周年座谈会上讲过，一切向前走，都不能忘记走过的路；走得再远、走到再光辉的未来，也不能忘记走过的过去。在古田会议召开八十五周年之际，我们来到这里，目的是寻根溯源，深入思考我们当初是从哪里出发的、为什么出发的，重温我党我军光荣历史，缅怀老一辈革命家的丰功伟绩，接受思想洗礼，以利于更好前进。

切实加强和改进新形势下
我军政治工作[*]

（二〇一四年十月三十一日）

习 近 平

当前，国内外形势发生深刻复杂变化，面对意识形态领域尖锐复杂的斗争特别是"颜色革命"的现实危险，面对艰巨繁重的军事斗争准备任务，面对深化国防和军队改革这场考试，我军政治工作只能加强不能削弱，只能前进不能停滞，只能积极作为不能被动应对。

党的方向就是我军政治工作的方向，党和军队新形势下的中心任务决定我军政治工作的任务。军队政治工作的时代主题是，紧紧围绕实现中华民族伟大复兴的中国梦，为实现党在新形势下的强军目标提供坚强政治保证。全军必须坚持以马克思列宁主义、毛泽东思想、邓小平理论、"三个代表"重要思想、科学发展观为指导，贯彻党中央关于全面推进依法治国和从严治党的部署要

---

* 这是习近平同志在全军政治工作会议上讲话的一部分。

求，贯彻依法治军、从严治军方针，紧紧围绕我军政治工作的时代主题，加强和改进新形势下我军政治工作，充分发挥政治工作对强军兴军的生命线作用。

"秉纲而目自张，执本而末自从。"当前，最紧要的是把四个带根本性的东西立起来。

一是要把理想信念在全军牢固立起来。"为将之道，当先治心。"崇高的理想、坚定的信念，是革命军人的灵魂，是克敌制胜、拒腐防变的决定性因素。要把坚定官兵理想信念作为固本培元、凝魂聚气的战略工程，采取有力措施，抓紧抓实抓出成效。

立理想信念的过程是立人的过程。要适应强军目标要求，把握新形势下铸魂育人的特点和规律，着力培养有灵魂、有本事、有血性、有品德的新一代革命军人。有灵魂就是要信念坚定、听党指挥，有本事就是要素质过硬、能打胜仗，有血性就是要英勇顽强、不怕牺牲，有品德就是要情趣高尚、品行端正。要加强党的科学理论武装，弘扬和践行社会主义核心价值观，持续培育当代革命军人核心价值观，提振当代革命军人精气神，把理想信念的火种、红色传统的基因一代代传下去。

我一直认为，抓理想信念，最关键的是要抓好高级干部。我们面临的很大的一个问题是基层官兵对一些领导干部特别是高级干部产生了不信任感。从一定意义上讲，信仰危机折射的是信任危机，根子在上面。官兵信不信，很重要的是看领导干部信不信、做得怎么样。我们在座这些同志肩上的责任重啊！全军官兵都看着我们。我们在座的人真正信仰马克思主义，真正爱党爱国爱人民爱军队，在大是大非面前旗帜鲜明，在风浪考验面前无所畏惧，在各种诱惑面前立场坚定，知行合一、笃志躬行、勇于担当、率先垂范，全军理想信念教育就会大有成效。

二是要把党性原则在全军牢固立起来。坚持党性原则是共产党人的根本政治品格，是政治工作的根本要求。政治工作必须坚持党的原则第一、党的事业第一、人民利益第一，在党言党、在党忧党、在党为党，把爱党、忧党、兴党、护党落实到工作各个环节。

批评和自我批评是坚持党性原则、解决党内矛盾和问题的有力武器。这次党的群众路线教育实践活动的一个重要成果就是恢复和发扬了批评和自我批评的优良传统。都不敢批评，都不愿自我批评，问题就会越积越多，矛盾就会越拖越深，最后病入膏肓就成了不治之症。要把好的做法固化下来，开展积极健康的思想斗争，推动形成是非功过分明、团结向上的风气，增强党内生活的政治性、原则性、战斗性，坚决反对好人主义和庸俗化倾向。

"令行禁止，王者之师。""明制度于前，重威刑于后。"坚持党性原则，关键是立规矩、讲规矩、守规矩。哪些事能做、哪些事不能做，哪些事该这样做、哪些事该那样做，都要规定得明明白白。要提高制度执行力，让制度、纪律成为带电的"高压线",使查处违纪违法问题制度化、经常化,使党员、干部心有所畏、言有所戒、行有所止。

我在党的十八届四中全会上专门强调要遵守政治纪律和政治规矩,并列举了七种主要问题表现。军队守纪律首要的是遵守政治纪律,守规矩首要的是遵守政治规矩,并且标准要更高、要求要更严。任何人不得越过政治纪律、政治规矩的红线,越过了就是大忌,就要付出代价。

立党性原则是每个党员、干部的责任。领导干部要坚持真理、坚持原则,敢于同形形色色违反党性原则的人和事作斗争。各级要支持和保护那些敢讲真话、敢于同不良现象作斗争的党员、干部,让潜规则失灵,营造风清气正的政治生态。

三是要把战斗力标准在全军牢固立起来。我军根本职能是打仗,战斗力标准是军队建设唯一的根本的标准。政治工作必须保障战斗力标准在军队建设各个领域、各项工作中贯彻落实。要聚焦能打仗、打胜仗,健全完善党委工作和领导干部考核评价体系,形成有利于提高战斗力的舆论导向、工作导向、用人导向、政策导向,以刚性措施推动战斗力标准硬起来、实起来。

对我军来说,政治工作本身对战斗力形成和发挥起着十分重要的作用。那种把战斗力标准等同于军事标准,把战斗力建设同政治工作分割开来、对立起来的观点是错误的。政治工作，要强化围绕中心、服务大局的意识，走出自我设计、自我循环、自我检验的怪圈，按照打赢信息化局部战争要求，探索政治工作服务保证战斗力建设的作用机理，把政治工作贯穿到战斗力建设各个环节，融入到军事斗争准备全过程。要紧跟深化改革进程，有针对性地做好思想政治工作，引导官兵坚定信念、强化责任、听令而行，坚决拥护改革、积极支持改革、自觉投身改革，确保改革任务顺利推进。

四是要把政治工作威信在全军牢固立起来。实事求是地说，由于存在的种种问题，我军政治工作的威信受到了伤害，有的伤得还不轻，正所谓"为威不强还自亡，立法不明还自伤"。现在，紧迫的任务是要把政治工作的威信树立起来，回到言行一致、以身作则、以上率下等这样一些基本原则上来。

过去，我们做政治工作主要靠模范带头，红军时期政治工作是党代表做的，党代表威信很高。罗荣桓同志曾经回忆说：在行军的时候，"党代表走在后边，替士兵背枪和士兵共甘苦。士兵对党代表是很拥护的。如果下个命令，没有党代表的署名，士兵对这个命令就要怀疑的。"政治干部的表率作用本身就是最好的政治工作，这就叫行胜于言！

现在，形势发展变化了，做政治工作方法手段多了，但模范带头并没有过时。官兵不是看你怎么说，而是看你怎么做。树立政治工作威信就从模范带头抓起，从领导带头抓起，通过总结好典型、激浊扬清，善用好干部、惩处败类，引导各级干部特别是政治干部把真理力量和人格力量统一起来，坚持求真务实，坚持公道正派。在这方面，军委要为全军带好头。

加强和改进新形势下我军政治工作，要做的工作很多，当前要重点抓好以下五个方面。

第一，着力抓好铸牢军魂工作。坚持党对军队绝对领导是强军之魂，铸牢军魂是我军政治工作的核心任务，任何时候都不能动摇。我讲过，听党指挥不能只挂在嘴上、当口号喊，必须见诸行动，这样讲是有针对性的。

现在，上上下下很关注的一个问题是党员、干部的忠诚度。有人说，只要不反党反社会主义，就不能说对党忠诚有问题。我看这样的认识是很肤浅的。前面我列举的十个方面的种种表现和行为，归纳起来就是不听党的话，就是对党不忠诚。如果平时落实指示打折扣、执行规定搞变通、遇事盘算个人"小九九"，那真到了关键时刻、生死考验面前能听招呼吗？能靠得住吗？自己攫取的那么多东西放得下吗？

对党绝对忠诚要害在"绝对"两个字，就是唯一的、彻底的、无条件的、不掺任何杂质的、没有任何水分的忠诚。党员、干部要用这样的标准要求自己，自觉在思想上政治上行动上同党中央保持高度一致，党叫干什么就坚决干，党不允许干什么就坚决不干。

坚持党对军队绝对领导是有一整套制度作保证的，起定海神针作用的是党委统一的集体领导下的首长分工负责制。这个制度的表述是经毛泽东同志亲自批准，在一九五三年全国军事系统党的高级干部会议上定下来的，后来写进了一九五四年政治工作条例，并坚持和沿用至今。

有些同志对什么是统一领导、什么是集体领导、什么是首长分工负责，理解得不那么准确全面了，在制度执行上也出现了变形走样的情况。有的对常委会、首长办公会的区别搞不清楚，两个主官不团结，军事主官就要开首长办公会，以为这样就能把政委管住；政委就要开常委会，以为这样可以把军事主官管住。有的当副职时要"民主"，当主官时讲"集中"。有的把分管工作搞成了"独立王国"，别人碰不得。有的对双首长制存在模糊认识，提出军事主官也是党的干部，为什么还要设个政委，是不是对军事干部不信任？有的单位在演习中只把军事主官当指挥员，政治委员的指挥位置不是很明确。这些问题都不是小事，会直接影响党对军队绝对领导制度的落实。

必须认识到，党委制、双首长制、政治委员制是一种制度安排，更是一种政治设计。对这个问题不理解或理解不正确，说明政治上还没有完全合格、完全够格。

敌对势力别有用心制造种种错误舆论，目的是搞乱我们的思想、搞垮我们的制度，动摇党对军队绝对领导的根基。对此，我们必须保持清醒头脑，更要加强思想舆论工作，坚决抵制"军队非党化、非政治化"和"军队国家化"等错误政治观点的影响。要深入抓好军魂教育，打牢官兵听党的话、跟党走的思想根基。各级党委要把落实党对军队绝对领导的制度作为第一位责任，坚定维护这套制度的严肃性和权威性，把党领导军队一系列制度贯彻到部队建设各领域和完成任务全过程，确保党指挥枪的原则落地生根。

第二，着力抓好高中级干部管理。"欲治兵者，必先选将。""将者，国之辅，辅周则国强，辅隙则国弱。"军队高中级干部是要带兵打仗的，是要在强军事业中起骨干作用的。我讲军队要像军队的样子，很重要的就要体现在高中级干部身上。我们必须把高中级干部队伍建设作为关系全局和长远的重大问题来抓。

大家在干部问题上比较关注的主要是选人用人标准、程序、风气等问题。我想结合这些问题重点讲一讲。

一个是，军队好干部的标准问题。很多人反映，一些单位选人用人似乎没有客观标准。经常出现这样的现象，一个岗位出来了，一些人不管有没有相关经历、能不能胜任都在争，而且什么岗位都敢争。这一方面反映了有的单位和领导选人用人比较随意，另一方面也说明衡量干部缺乏具体标准。"为人择官者乱，为官择人者治。"选人用人首先要明确标准。《孙子兵法》中说："将者，智、信、仁、勇、严也。"军队好干部应该是个什么标准？我看就是要做到对党忠诚、善谋打仗、敢于担当、实绩突出、清正廉洁。这五条是原则性要求，还要根据不同类型、不同岗位、不同职级干部情况具体化。

去年，军委集中考核全军副大军区级和正军级领导班子，在考准考实考深上探索了一些办法，今年几批军以上干部考核也有一些探索。要总结经验，完善干部考核评价体系，特别是要把对德的考核具体化，重点考察贯彻执行党中央、中央军委决策指示的表现，考察在一些重大原则问题上的立场，考察带领部队完成急难险重任务的情况，考察对待名利得失的态度，确保枪杆子永远掌握在忠于党的可靠的人手中。干部考核要有一个过程，不是经历一两件事、表几次态就能看清楚的，要看长期表现，高中级干部考核要制度化、常态化。

"天下之实才，不可以求之于言语，又不可以较之于武力，独见之于战耳。战不可得而试也，是故见之于治兵。"战争年代，看一个干部能力怎么样，主要看在战场上的表现，考验很直接、很直白。和平时期，考验干部就不那么容易了。现在，世界许多国家是把军事专业能力形成的资历，如院校专业培训、岗位任职经历、服役年限等，作为选拔使用军官的基本条件。这方面我们可以借鉴。要逐步建立和实行我军干部任职资格制度，让干部能力、实绩等客观因素在选人用人中起主导作用，使对干部的基本评价不因某个人一时一事的看法而改变，也不因单位领导的更替而改变，以利于激励干部把心思精力用在干事创业上，而不是去跑门子拉关系。

再一个是，把好干部选出来、任用好。党管干部、组织选人，这是选用干部的基本原则，要规范党委、领导和政治机关在选人用人中的权责，发挥政治机关在组织考核和提名推荐干部中的主体作用。落实党管干部原则，党委正副书记负有重大责任。有的单位主官在用人问题上固执己见甚至个人专断。有的把个别酝酿变成了个人授意，用主官点名替代了政治机关提名，看似程序都走了，实际上只是走走形式，糊弄人的。有的两个主官搞平衡、做交易，我要提的人你照顾一下，你想提的人我照顾一下，甚至个别酝酿评价不高的干部也拿到会上去讨论。这些都是严重违反干部使用原则和纪律的。有时你用十个干部，即使九个是好的，只有一个是照顾性的，那机关和部队也会认为没有坚持原则，整个班子为个别人埋单、背黑锅。还有，为了照顾个别特殊情况，制度不敢坚持了，那就会产生"破窗效应"，以后在谁身上还能用？要研究和提出干部工作贯彻民主集中制原则的有效办法，坚持党管干部集体决策，真正把干部选准用好。

部队对后备干部制度提的意见比较多，主要意见是后备干部与晋升挂钩，进了后备干部名单就进了保险箱。为了进入后备干部名单，有的人到处拉关系，有的上级到处打招呼，参与投票的人又不一定深入了解情况，结果产生的后备干部不一定是优秀干部，甚至有明显毛病的干部也进了后备干部名单。有人讲，现在干部要跑两次，先跑后备、再跑提拔。这些问题背离了实行后备干部制度的初衷。要加强和改进后备干部工作，改进人选产生办法，建立健全培养锻炼、适时使用、定期调整、有进有退的机制。

对用人卡年龄甚至唯年龄的问题，大家反映也很大。在一些班子中，有的干部政绩不突出、能力也一般，但因年龄优势成了唯一可以提升的对象，而其他干部能力再强、干得再好也没有提升机会。这样做不行！如果我们的用人制度设计让"千里马"歇步、"老黄牛"撂挑、干事的人寒心，那就南辕北辙了。

培养选拔优秀年轻干部，事关党和军队事业长远发展。"取士之方，必求其实；用人之术，当尽其材。"我们要优化干部队伍年龄结构，但并不是说提拔任用每个干部都要年轻，也不是每个班子都要硬性配备年轻干部，更不是不同层级领导班子成员任职年龄层层递减。不能简单以年龄划线！选拔干部，要坚持德才兼备、以德为先，注重基层、注重实干、注重官兵公认，把优秀干部用起来，把各个年龄段干部积极性调动起来。

要整肃用人风气，坚持五湖四海，加强干部交流，坚决纠治选人用人上的不正之风，反对任人唯亲、结宗派、拉山头、搞小圈子。总政要组织干部工作大检查，抓一批典型，对违反干部工作纪律的要严肃处理、通报批评、以儆效尤。要完善选人用人监督制约和责任追究机制，坚决解决问题发现难、偏差纠治难、责任追究难的问题。干部任用上有个不好的现象，就是推荐者站在幕后，出了问题不负责任。要探索实行领导干部推荐干部实名制，把责任制摆在明处，严格责任追究，让推荐者负责任。中国古代就有这种做法，官员们可以推荐人才，但同时就要承担责任，出了问题要拿你是问。

当前，我们面临的一项重要任务是正本清源，抓紧纯洁干部队伍。"知能不举，则为失材；知恶不黜，则为祸始。"我们说了那么多事、点了那么多问题，最后要落实到组织措施上，要落实到人头上。不查处、不处理，大家就会认为你们说归说，搞不正之风的人官照当，最后还是得好处。以大案要案牵出的买官卖官为线索要一查到底，不仅要查卖官的、还要查买官的，不仅要拔出"萝卜"、还要洗去"泥"。对搞小圈子、小山头的，要把情况搞清楚，该降的降，该免的免，该调整的调整。要通过组织措施，让全军看到我们纠正选人用人上的不正之风的决心，让官兵感受到选人用人风气的变化。

党要管党首先要管好干部，从严治军关键是从严治官。组织上培养干部不容易，要管理好、监督好。要强化党组织管班子、管干部的功能，以严的要求、严的措施、严的纪律管理约束干部。军委提出明年要在团以上党委机关集中开展"三严三实"专题教育，高中级干部要把自己摆进去，严格自查自纠，自觉接受组织和官兵监督。

第三，着力抓好作风建设和反腐败斗争。经过教育实践活动，"四风"问题和腐败现象蔓延的势头得到一定遏制，但不正之风树倒根存，深层次问题还没有完全破解，病原体并没有根除。一些领域反腐败斗争形势仍然复杂严峻，不敢腐势头初起，不能腐、不想腐尚未解决。我们必须以锲而不舍、驰而不息的决心，把作风建设和反腐败斗争引向深入。

作风建设这根弦要始终绷得紧紧的，坚持抓常、抓细、抓长，保持高压态势，抓好各项整改任务落实，确保"四风"问题不反弹、不回潮，确保改进作风规范化、常态化、长效化。我在党的十八届四中全会上专门强调了这个问题，是有针对性的。大家反映，一些潜规则在部队还很有市场、也很顽固，必须采取有力措施坚决破除。这里，我要再次重申：严禁送红包，送文房四宝、珠宝、字画、印章、古玩等贵重礼物；严格按标准建房住房，不能搞变通，不能巧立名目扩大面积，不能以任何理由多处占房；严格按标准配车，严禁违反规定超标准用车，严禁单位自购豪华车、越野车。军官的收入就是薪水，不能有什么灰色收入，更不能有违法所得，否则就要查处和追究。

历史上多少战功卓著的军队最后都是被腐败搞垮的。要坚持有腐必反、有贪必肃，坚决破除"军队特殊论"，反腐没有禁区，执法没有特例。徐才厚都动了，还有谁动不得、动不了？要做到零容忍的态度不变，猛药去疴的决心不减，刮骨疗毒的勇气不泄，严厉惩处的尺度不松，绝不让腐败分子在军队有藏身之地。

各级党委对党风廉政建设负有全面领导责任，书记、副书记是第一责任人。要严格落实责任制，对重大腐败案件既要严肃惩处当事人，也要倒查相关领导责任。对那些不抓党风廉政建设、严重失职的党委主要领导，该批评的要批评，该调整的要调整，该惩戒的要惩戒。

要坚持以改革的思路和办法推进反腐败工作。要推进纪检工作双重领导具体化、程序化、制度化，强化上级纪委对下级纪委的领导，查办腐败案件以上级纪委为主。要完善巡视制度，加强巡视力量建设，加大巡视工作力度，实现巡视全覆盖。要加大审计监督力度，抓好重点领域、重大项目、重要资金的审计监督，严格领导干部经济责任审计。军委决定调整解放军审计署的建制领导关系，就是要强化审计监督，更好发挥审计功能。军队纪检、巡视、审计、司法等相关部门要加强协同配合，努力形成反腐败的严密网络体系。

第四，着力抓好战斗精神培育。我担任军委主席后，第一时间就强调了军人要有血性，我说的血性就是战斗精神，核心是一不怕苦、二不怕死的精神。现在，基层官兵大都是八〇后、九〇后，许多是独生子女，有的在家里娇生惯养。真打起仗来，这样的战士能不能上战场、上了战场能不能打仗？还有，就是我们各级指挥员战斗精神怎么样？少数同志主要心思没有放在准备打仗上，如果这些人带兵打仗、指挥打仗，能让人托底吗？

培养战斗精神，要从思想上入手。要加强马克思主义战争观和我军根本职能教育，解决好官兵为谁扛枪、为谁打仗，当兵干什么、练兵为什么等根本性问题。在前不久召开的文艺工作座谈会上，有的同志讲军队也有"风花雪月"，这就是铁马秋风、战地黄花、楼船夜雪、边关冷月，我说赞同这个"风花雪月"。要结合各部队传统和任务特点，加强军事文化建设，打造强军文化，培养官兵大无畏的英雄气概和英勇顽强的战斗作风。

我们必须看到，在长期和平时期，军队保持旺盛不衰的战斗精神是很难的。在缺乏实战检验的情况下，锻造战斗精神主要靠训练。部队的同志讲，实打实的实战化训练不好看，好看的是演给上面看的，这话说得有道理。要坚决摒弃搞花架子那一套，从难从严从实战要求出发摔打部队，砥砺指挥员战斗员的意志品质。今后，谁再搞花架子就要问责，严重的要进行组织处分。

激发军人战斗精神，既要强调牺牲奉献，又要注重发挥政策制度的调节作用，增强军事职业吸引力和军人使命感、荣誉感。现在，军人转业退伍安置难、伤病残军人移交难、退休干部安置难等问题依然存在，征兵难、吸引保留人才难问题也很突出。对这些问题，要结合深化改革加紧从政策制度层面研究解决，让军人成为社会尊崇的职业。军人是最崇尚荣誉的，在这方面要拿出一些实际举措。有些人刻意抹黑我们的英雄人物，歪曲我们的光辉历史，要引起我们高度警觉。历史不能忘记，军人的英勇牺牲行为永远值得尊重和纪念。今年，国家设立烈士纪念日，迎接志愿军烈士遗骸归国，引起了很好的反响。

我们要在全社会树立崇尚英雄、缅怀先烈的良好风尚。对为国牺牲、为民牺牲的英雄烈士，我们要永远怀念他们，给予他们极大的荣誉和敬仰，不然谁愿意为国家和人民牺牲呢？美国等西方国家在这方面是很注意的。俄罗斯也很重视这项工作，不断同我谈在我国境内的苏军烈士陵墓修缮问题。我们的英雄烈士是为党和人民牺牲的，我们在这方面应该做得更好。这项工作要系统研究一下，明确思路，制定方案，争取在总体上有一个大的推进。

第五，着力抓好政治工作创新发展。当今世界，信息技术日新月异，我国经济社会深刻变革，思想文化更加多元多样多变，军队现代化建设加速推进。在这个大背景下，我们既要坚持政治工作根本原则和制度，又要积极推进政治工作思维理念、运行模式、指导方式、方法手段创新，提高政治工作信息化、法治化、科学化水平。

许多同志讲，政治工作过不了网络关就过不了时代关。总的看，我们对信息化、网络化研究不够，存在不适应、不合拍问题。我听说，有的战士因为不能上网而私自离队，有的因为用智能手机问题和干部打游击战，干部收一个，战士再买一个，许多战士都有五六部手机。这反映出我们的工作存在被动滞后问题。不能用鸵鸟心态面对新情况，动不动就搞简单封堵那一套。要顺势而为、因势利导，研究把握信息网络时代政治工作的特点和规律，用好用活网络平台，占领网络舆论阵地，推动政治工作传统优势与信息技术高度融合，增强政治工作主动性和实效性。

政治工作是做人的工作，要盯着人做工作，不能见物不见人。脱离了人，政治工作就空对空了。我军官兵成分结构发生了深刻变化，家庭出身、文化程度、经历阅历、个人追求差异性大，部队教育管理、官兵关系呈现许多新特点。我听说，一些单位干部和战士谈不到一块，战士和战士也玩不到一块。官兵成分结构、官兵关系对军队建设是个大问题，关系部队纯洁巩固，关系部队凝聚力和战斗力。要深入细致分析研究官兵思想观念、价值取向、行为方式、精神文化需求，找到穴位、把准脉搏，有的放矢做好工作，增强时代性和感召力。要深入开展尊干爱兵、兵兵友爱活动，巩固和发展团结友爱和谐纯洁的内部关系。这些年，部队在培养红色传人、做好重大任务中的政治工作等方面探索了不少新鲜经验，要注意总结和推广。

随着我军使命任务不断拓展，政治工作服务保证的领域和功能也要相应拓展。要适应我国加快军事力量走出去的要求，做好部队在国外执行任务中的政治工作。要树立大政工理念，把部队、社会、家庭衔接起来，把军内军外、网上网下结合起来，形成全方位、宽领域、军民融合的政治工作格局。

这些年来，政治工作法规制度建设不断推进，但还有一些法规制度亟待建立健全，有些制度规定出台后没有得到有效落实。要增强各级法治观念，依据法规制度指导和开展工作，防止和克服政出多门、工作随意性大等问题。对现有法规制度要根据形势和任务的发展变化进行清理，抓紧修订政治工作条例、基层建设纲要、军队党委工作条例、军官法等法规。

政治机关和政治干部是政治工作的主体力量。要抓好全军政治机关和政治干部队伍建设，在提高素质、改进作风上下功夫，努力建设对党绝对忠诚、聚焦打仗有力、作风形象良好的政治机关和政治干部队伍。政治干部既会做思想工作又会指挥打仗，这是我军的一个传统。政治干部要努力学军事、学指挥、学科技，全面提高综合素质和实际能力，政治工作要成为行家里手，军事工作也要成为行家里手，这样才能把政治工作做好。部队反映，政治干部来源渠道窄、调整补充难的问题比较突出。解决这个问题，一方面要改进优化政治干部培养培训体系，另一方面要拓宽政治干部选人视野，把更多优秀干部用到政工岗位。新型作战力量部队，不能简单以部队员额多少编设政治机关、配备政治干部。政治机关和政治干部要强化政治意识、阵地意识、大局意识，坚持原则、敢于担当，真抓实干、埋头苦干，确保各项政治工作有效落实。

各级党委特别是正副书记要履行抓政治工作的职责，主动谋划政治工作，主动研究解决政治工作面临的矛盾和问题，加强对政治工作的组织领导。政治工作是群众性工作，要组织广大党员、干部一起来做，动员广大官兵积极参与，大家齐心协力开创我军政治工作新局面。

加强武器装备建设的战略筹划和指导*

（二〇一四年十二月三日）

习　近　平

面对新形势新任务，武器装备建设战略指导必须应时而变、顺势而为。贯彻总体国家安全观，牢牢把握党在新形势下的强军目标，坚持信息主导、体系建设，坚持自主创新、持续发展，坚持统筹兼顾、突出重点，加快构建适应信息化战争和履行使命要求的武器装备体系，为实现中国梦强军梦提供强大物质技术支撑。

这里，我着重从武器装备建设战略指导上讲些意见。

第一，坚持作战需求的根本牵引。对部队来说，我们要求有什么武器装备打什么仗，立足现有武器装备打胜仗。但是，我们不能因为这样就降低对武器装备发展的要求。装备部门必须更加积极主动地瞄着明天的战争来加快发展武器装备，做到未来打什么仗就发展什么武

---

* 这是习近平同志在全军装备工作会议上讲话的一部分。

器装备。这就是我说过的，设计武器装备就是设计未来战争。对这个问题，我们一定要认识清楚、认识到位，把作战需求贯彻到武器装备研制全过程，确保研发和生产的武器装备适应能打仗、打胜仗要求。

准确提出作战需求是一个系统工程，涉及作战部门、装备部门、部队、科研单位等各个方面，要结合深化国防和军队改革，建立健全具有我军特色的作战需求生成机制。

武器装备发展需要作战需求牵引，也需要技术推动，两者要有机结合。我们在论证武器装备发展时，要综合考虑作战需求和技术风险、经济风险、进度风险等各方面因素，增强武器装备发展的科学性、针对性、前瞻性，尽量避免走弯路。

第二，坚持体系建设思想。信息化战争拼的就是体系。每一型武器装备要不要发展、发展多少，都要以对作战体系的贡献率为评价标准，纳入武器装备体系大盘子考虑。单个武器再先进，如果融入不了体系、在体系中发挥不了应有作用，那就不要搞了。已经搞了的，如果不符合体系建设要求，经过科学评估后，该叫停的要坚决叫停，该改进的要坚决改进，该淘汰的要坚决淘汰。要统筹各军兵种武器装备发展，加强标准化、系列化、通用化建设，不断完善和优化武器装备体系结构。

加强武器装备体系建设，必须坚持重点突破。网络信息体系是以网络中心、信息主导、体系支撑为主要特征的复杂巨系统,是信息化作战体系的基本形态,是打赢信息化战争的基础支撑。坚持用网络信息体系的理念来理解作战体系、塑造装备体系,既要强化统一筹划和顶层设计,又要把能做的、必做的尽快干起来。

第三,坚持创新驱动发展。武器装备持续发展的动力在哪里?我看,更多要从创新中寻找。技术创新问题是个卡脖子的问题,成了很多武器装备研制的拦路虎。如果我们在技术创新上再没有大的作为,投再多钱也可能是低水平打转转。国防科技和武器装备发展必须向以创新驱动发展为主转变。

推进国防科技自主创新,首先要抓住现实矛盾和突出问题。基础研究不厚实,自主创新就是一句空话。

要紧跟世界新军事革命特别是军事科技发展方向,努力缩小关键领域差距,形成比较优势。信息技术、生物技术、新能源技术、新材料技术发展日新月异,有些技术一旦取得突破,影响将是颠覆性的,甚至可能从根本上改变战争形态和作战方式。对战略性、前沿性重大技术发展,我们要高度关注、有所应对。

关键是要确定正确的跟进和突破策略。我们要按照主动跟进、精心选择、有所为有所不为的方针,提高技术认知力,加强独创性设计,发展独有的"杀手锏",确保不被敌实施技术突袭。对看准的,要超前规划布局,加大投入力度,加速赶超步伐。

第四,坚持质量至上。武器装备出了质量问题是要付出血的代价的，是要打败仗的。对武器装备质量问题千万不能掉以轻心！各级各部门要把质量问题摆在关系官兵生命、关系战争胜负的高度来认识，贯彻质量就是生命、质量就是胜算的理念，把质量要求贯彻到武器装备全寿命管理各个环节。

"造法不精，责其匠。""用兵之日，一器不精，即戕一卒之命。"要健全责任体系，建立质量责任终身追究制度，确保责任落实到个人，确保出了问题能够追究到人。

搞好试验鉴定，对确保武器装备质量具有重要意义。要着力构建先进实用的试验鉴定体系，摸清武器装备性能底数，确保武器装备实战适用性。

第五，坚持实战化运用。武器装备只有经常在贴近实战环境中使用，才知道到底好不好用、管不管用。这是武器装备发展链条的一个重要环节。要教育引导官兵大胆操作和使用武器装备，从难从严运用，在复杂战场环境和高强度对抗条件下摔打武器装备，真正让武器装备活起来、动起来。

要加强武器装备体系化、常态化运用，在体系运用中检验性能、发掘潜能。各级指挥员要带头学装、知装、用装，自己都没弄懂怎么指挥打仗？要加强统筹协调，抓好配套建设，推动新装备成建制成系统形成作战能力和保障能力。

装备部门要把研制工作同实战化运用对接起来，及时发现和解决运用中暴露出的问题，举一反三，以用促改，提高新装备研制起点，实现研制和运用有机统一。

　　第六，坚持人才队伍建设优先。"选天下之豪杰，致天下之精材，来天下之良工，则有战胜之器矣。"我们要牢固树立人才资源是第一资源的理念，努力培养造就一支规模宏大、结构合理、素质优良的国防科技和武器装备人才队伍。要积极营造尊重人才、求贤若渴的社会环境，待遇适当、后顾无忧的生活环境，公正平等、竞争择优的制度环境，为人才心无旁骛钻研业务创造良好条件。要大胆使用青年人才，破除论资排辈、求全责备等观念，放开视野选人才、不拘一格用人才。要把国防科技和武器装备领域打造成国家创新人才的高地、人才成长兴业的沃土，形成各类人才创造活力竞相迸发的生动局面。

提高国防和军队建设法治化水平[*]

（二〇一四年十二月二十六日）

习　近　平

依法治军、从严治军，是我们党建军治军的基本方略。对这个问题，我一直看得很重。二〇一二年底，我到广州战区考察时就提出，要牢记依法治军、从严治军是强军之基。二〇一三年一月，在军委常务会议上，我就海上军事斗争立法问题谈了意见。在主持党的十八届三中全会决定起草时，我提出了健全军事法规制度体系的要求。在主持党的十八届四中全会决定起草时，我明确要求把依法治军、从严治军问题单列一块写进去。

我一直讲，"国无常强，无常弱。奉法者强则国强，奉法者弱则国弱"。一个现代化国家必然是法治国家，一支现代化军队必然是法治军队。深入推进依法治军、从严治军，是全面推进依法治国总体布局的重要组成部分，是实现强军目标的必然要求。整个国家都在建设中国特色社会主义法治体系、建设社会主义法治国家，军

---

[*]　这是习近平同志在中央军委扩大会议上讲话的一部分。

队法治建设不抓紧，到时候就跟不上趟了。

深入推进依法治军、从严治军，必须紧紧围绕党在新形势下的强军目标，着眼全面加强革命化现代化正规化建设，坚持党对军队绝对领导，坚持战斗力标准，坚持官兵主体地位，坚持依法和从严相统一，坚持法治建设和思想政治建设相结合，创新发展依法治军理论和实践，构建完善的中国特色军事法治体系，提高国防和军队建设法治化水平。

第一，强化全军法治信仰和法治思维。深入推进依法治军、从严治军，首先要让法治精神、法治理念深入人心，使全军官兵信仰法治、坚守法治。没有这一条，依法治军、从严治军是难以推进的。

长期以来，军事法治建设是有长足进步的，但必须看到，重人治、轻法治现象在部队中还比较突出。部队流传一句话，"黑头不如红头、红头不如白头、白头不如口头"。有的领导讲，都按条令条例办，还要我干什么？这说明，在依法治军问题上，一些同志认识很模糊。现实生活中，有的"一朝权在手，便把令来行"，以言代法、以权压法。有的"一个将军一个令"，搞土政策、土规定。有的遇事不是找法，而是找关系、找门路。这些都是典型人治思维。从这些年暴露的问题看，部队中有法不依、执法不严、违法不究现象大量存在，贪赃枉法、徇私枉法、知法犯法的问题也不在少数。有的单位隐案不报、压案不查，大事化小、小事化了。

法律必须被遵守，法治必须被信仰，否则就形同虚设了。要在全军深入开展法治宣传教育，把法治教育训练纳入部队教育训练体系，把培育法治精神作为强军文化建设的重要内容，引导广大官兵把法治内化为政治信念和道德修养，外化为行为准则和自觉行动。不要一讲依法治军就眼睛向下，认为法治是"领导治部属""上级治下级""官治兵"的手段。依法治军关键是依法治官、依法治权。上行下效，上梁不正下梁歪。领导干部要自觉培养法治思维，带头学法尊法守法用法，自觉做依法治军的带头人。能不能遵守法律、依法办事，要作为领导干部选拔任用的重要条件，纳入干部考核评价体系。无法无天的干部不能用，更不能重用。

第二，按照法治要求转变治军方式。深入推进依法治军、从严治军，要求我们的治军方式发生一场深刻变革。各级要严格按照法定职责权限抓好工作，努力实现三个根本性转变，即从单纯依靠行政命令的做法向依法行政的根本性转变，从单纯靠习惯和经验开展工作的方式向依靠法规和制度开展工作的根本性转变，从突击式、运动式抓工作的方式向按条令条例办事的根本性转变，在全军形成党委依法决策、机关依法指导、部队依法行动、官兵依法履职的良好局面。

军队越是现代化，越是信息化，越是要法治化。在信息网络时代，战争过程日益科学化，军队建设、管理和作战行动更加强调标准化、规范化、精细化。这就要对军队各方面进行严格规范，建立一整套符合现代军事发展规律、体现我军特色的科学的组织模式、制度安排和运作方式，推动军队正规化建设向更高水平发展。

改革要充分发挥法治引领和推动作用，坚持改革和立法衔接协调，确保改革在法治轨道上积极稳妥推进。"木受绳则直，金就砺则利。"作风建设由治标向治本转变也要靠法治，善于运用法治手段纠风肃纪，以刚性的制度规定和严格的制度执行实现作风建设规范化、常态化、长效化。

第三，抓好军事法治建设重点任务落实。我们就深入推进依法治军、从严治军问题专门作出决定，必须说到做到。要直面问题，围绕构建系统完备、严密高效的军事法规制度体系、军事法治实施体系、军事法治监督体系、军事法治保障体系，拿出实实在在的举措。

要用强军目标审视和引领军事立法，提高军事法规制度的针对性、系统性、操作性。要通过完善法规制度体系，为确保党对军队绝对领导提供坚强法治保障。要突出重点，抓紧制定完善军事斗争、信息化建设、军民融合、非战争军事行动以及军人法律地位和权益保障等方面的法规制度。作战条令是规范军队作战行动的法规，是部队打仗和训练的主要依据。当前，我军联合作战条令建设严重滞后，要以联合作战指挥体制改革为契机，抓紧推进新一代联合作战条令制定工作。

我军法治专门机构体制机制不顺、力量薄弱、职能不完备，法律服务保障力量分散，严重制约了职能作用发挥。要拿出有效举措，在健全军事法制工作体制、深化军事司法体制改革、调整纪检监察和审计体制机制、完善军事法律人才培养管理机制等方面取得实质性进展。要建立军事法律顾问制度，为党委首长决策和部队行动提供法律咨询保障。要完善执法制度，健全执法监督机制，严格责任追究，违法者要军法从事。法律法规的红线不能逾越，这一条必须在全军牢固树立起来。

实行新形势下积极防御
军事战略方针[*]

（二〇一五年五月）

积极防御战略思想是中国共产党军事战略思想的基本点。在长期革命战争实践中，人民军队形成了一整套积极防御战略思想，坚持战略上防御与战役战斗上进攻的统一，坚持防御、自卫、后发制人的原则，坚持"人不犯我，我不犯人；人若犯我，我必犯人"。

新中国成立后，中央军委确立积极防御军事战略方针，并根据国家安全形势发展变化对积极防御军事战略方针的内容进行了多次调整。一九九三年，制定新时期军事战略方针，以打赢现代技术特别是高技术条件下局部战争为军事斗争准备基点。二〇〇四年，充实完善新时期军事战略方针，把军事斗争准备基点进一步调整为打赢信息化条件下的局部战争。

中国社会主义性质和国家根本利益，走和平发展道

---

* 这是中华人民共和国国务院新闻办公室发表的《中国的军事战略》的第三部分。标题为本书编者所加。

路的客观要求，决定中国必须毫不动摇坚持积极防御战略思想，同时不断丰富和发展这一思想的内涵。根据国家安全和发展战略，适应新的历史时期形势任务要求，坚持实行积极防御军事战略方针，与时俱进加强军事战略指导，进一步拓宽战略视野、更新战略思维、前移指导重心，整体运筹备战与止战、维权与维稳、威慑与实战、战争行动与和平时期军事力量运用，注重深远经略，塑造有利态势，综合管控危机，坚决遏制和打赢战争。

实行新形势下积极防御军事战略方针，调整军事斗争准备基点。根据战争形态演变和国家安全形势，将军事斗争准备基点放在打赢信息化局部战争上，突出海上军事斗争和军事斗争准备，有效控制重大危机，妥善应对连锁反应，坚决捍卫国家领土主权、统一和安全。

实行新形势下积极防御军事战略方针，创新基本作战思想。根据各个方向安全威胁和军队能力建设实际，坚持灵活机动、自主作战的原则，你打你的、我打我的，运用诸军兵种一体化作战力量，实施信息主导、精打要害、联合制胜的体系作战。

实行新形势下积极防御军事战略方针，优化军事战略布局。根据中国地缘战略环境、面临安全威胁和军队战略任务，构建全局统筹、分区负责，相互策应、互为一体的战略部署和军事布势；应对太空、网络空间等新型安全领域威胁，维护共同安全；加强海外利益攸关区国际安全合作，维护海外利益安全。

实行新形势下积极防御军事战略方针，坚持以下原则：服从服务于国家战略目标，贯彻总体国家安全观，加强军事斗争准备，预防危机、遏制战争、打赢战争；营造有利于国家和平发展的战略态势，坚持防御性国防政策，坚持政治、军事、经济、外交等领域斗争密切配合，积极应对国家可能面临的综合安全威胁；保持维权维稳平衡，统筹维权和维稳两个大局，维护国家领土主权和海洋权益，维护周边安全稳定；努力争取军事斗争战略主动，积极运筹谋划各方向各领域军事斗争，抓住机遇加快推进军队建设、改革和发展；运用灵活机动的战略战术，发挥联合作战整体效能，集中优势力量，综合运用战法手段；立足应对最复杂最困难情况，坚持底线思维，扎实做好各项准备工作，确保妥善应对、措置裕如；充分发挥人民军队特有的政治优势，坚持党对军队的绝对领导，重视战斗精神培育，严格部队组织纪律性，纯洁巩固部队，密切军政军民关系，鼓舞军心士气；发挥人民战争的整体威力，坚持把人民战争作为克敌制胜的重要法宝，拓展人民战争的内容和方式方法，推动战争动员以人力动员为主向以科技动员为主转变；积极拓展军事安全合作空间，深化与大国、周边、发展中国家的军事关系，促进建立地区安全和合作架构。

在纪念中国人民抗日战争暨世界反法西斯战争胜利七十周年大会上的讲话

（二〇一五年九月三日）

习　近　平

全国同胞们，

尊敬的各位国家元首、政府首脑和联合国等国际组织代表，

尊敬的各位来宾，

全体受阅将士们，

女士们、先生们，同志们、朋友们：

今天，是一个值得世界人民永远纪念的日子。七十年前的今天，中国人民经过长达十四年艰苦卓绝的斗争，取得了中国人民抗日战争的伟大胜利，宣告了世界反法西斯战争的完全胜利，和平的阳光再次普照大地。

在这里，我代表中共中央、全国人大、国务院、全国政协、中央军委，向全国参加过抗日战争的老战士、老同志、爱国人士和抗日将领，向为中国人民抗日战争胜利作出重大贡献的海内外中华儿女，致以崇高的敬

意！向支援和帮助过中国人民抵抗侵略的外国政府和国际友人，表示衷心的感谢！向参加今天大会的各国来宾和军人朋友们，表示热烈的欢迎！

女士们、先生们，同志们、朋友们！

中国人民抗日战争和世界反法西斯战争，是正义和邪恶、光明和黑暗、进步和反动的大决战。在那场惨烈的战争中，中国人民抗日战争开始时间最早、持续时间最长。面对侵略者，中华儿女不屈不挠、浴血奋战，彻底打败了日本军国主义侵略者，捍卫了中华民族五千多年发展的文明成果，捍卫了人类和平事业，铸就了战争史上的奇观、中华民族的壮举。

中国人民抗日战争胜利，是近代以来中国抗击外敌入侵的第一次完全胜利。这一伟大胜利，彻底粉碎了日本军国主义殖民奴役中国的图谋，洗刷了近代以来中国抗击外来侵略屡战屡败的民族耻辱。这一伟大胜利，重新确立了中国在世界上的大国地位，使中国人民赢得了世界爱好和平人民的尊敬。这一伟大胜利，开辟了中华民族伟大复兴的光明前景，开启了古老中国凤凰涅槃、浴火重生的新征程。

在那场战争中，中国人民以巨大民族牺牲支撑起了世界反法西斯战争的东方主战场，为世界反法西斯战争胜利作出了重大贡献。中国人民抗日战争也得到了国际社会广泛支持，中国人民将永远铭记各国人民为中国抗战胜利作出的贡献！

女士们、先生们，同志们、朋友们！

经历了战争的人们，更加懂得和平的宝贵。我们纪念中国人民抗日战争暨世界反法西斯战争胜利七十周年，就是要铭记历史、缅怀先烈、珍爱和平、开创未来。

那场战争的战火遍及亚洲、欧洲、非洲、大洋洲，军队和民众伤亡超过一亿人，其中中国伤亡人数超过三千五百万，苏联死亡人数超过二千七百万。绝不让历史悲剧重演，是我们对当年为维护人类自由、正义、和平而牺牲的英灵、对惨遭屠杀的无辜亡灵的最好纪念。

战争是一面镜子，能够让人更好认识和平的珍贵。今天，和平与发展已经成为时代主题，但世界仍很不太平，战争的达摩克利斯之剑依然悬在人类头上。我们要以史为鉴，坚定维护和平的决心。

为了和平，我们要牢固树立人类命运共同体意识。偏见和歧视、仇恨和战争，只会带来灾难和痛苦。相互尊重、平等相处、和平发展、共同繁荣，才是人间正道。世界各国应该共同维护以联合国宪章宗旨和原则为核心的国际秩序和国际体系，积极构建以合作共赢为核心的新型国际关系，共同推进世界和平与发展的崇高事业。

为了和平，中国将始终坚持走和平发展道路。中华民族历来爱好和平。无论发展到哪一步，中国都永远不称霸、永远不搞扩张，永远不会把自身曾经经历过的悲惨遭遇强加给其他民族。中国人民将坚持同世界各国人民友好相处，坚决捍卫中国人民抗日战争和世界反法西斯战争胜利成果，努力为人类作出新的更大的贡献。

中国人民解放军是人民的子弟兵，全军将士要牢记全心全意为人民服务的根本宗旨，忠实履行保卫祖国安全和人民和平生活的神圣职责，忠实执行维护世界和平的神圣使命。我宣布，中国将裁减军队员额三十万。

女士们、先生们，同志们、朋友们！

"靡不有初，鲜克有终。"实现中华民族伟大复兴，需要一代又一代人为之努力。中华民族创造了具有五千多年历史的灿烂文明，也一定能够创造出更加灿烂的明天。

前进道路上，全国各族人民要在中国共产党领导下，坚持以马克思列宁主义、毛泽东思想、邓小平理论、"三个代表"重要思想、科学发展观为指导，沿着中国特色社会主义道路，按照"四个全面"战略布局，弘扬伟大的爱国主义精神，弘扬伟大的抗战精神，万众一心，风雨无阻，向着我们既定的目标继续奋勇前进！

让我们共同铭记历史所启示的伟大真理：正义必胜！和平必胜！人民必胜！

全面实施改革强军战略，坚定不移走中国特色强军之路*

（二〇一五年十一月二十四日）

习　近　平

这次中央军委改革工作会议，是党中央、中央军委决定召开的一次极为重要的会议，主要任务是深入贯彻党在新形势下的强军目标，对深化国防和军队改革作出部署，动员全军和各方面力量，全面实施改革强军战略，坚定不移走中国特色强军之路。

去年三月以来，按照党的十八届三中全会部署，我们成立中央军委深化国防和军队改革领导小组和相关工作机构，开展改革方案研究论证和拟制工作。首先进行了大规模的调研。大家普遍反映，这次调研广泛深入，重大问题论证比较充分，回应了全军关注和期盼，形成了最大公约数。改革方案初步形成后，多轮次征求军委领导、四总部领导、大单位主官意见，还征求了部分老

---

* 这是习近平同志在中央军委改革工作会议上讲话的一部分。

同志意见。各方面对改革方案给予充分肯定。

今年七月二十九日，中央政治局常委会审议通过了深化国防和军队改革总体方案。在中国人民抗日战争暨世界反法西斯战争胜利七十周年纪念大会上，我郑重宣布我国将裁减军队员额三十万，在国内外引起强烈的正面反响。这宣示了我们坚定不移走和平发展道路的决心，也表明了我们坚定不移深化国防和军队改革的决心。

深化国防和军队改革，是为了设计和塑造军队未来，既要立足当前，又要着眼长远。首先要同实现第一个百年奋斗目标相契合，还要面向本世纪中叶实现第二个百年奋斗目标，为今后二十年、三十年国防和军队发展打下基础。我讲过，实现党在新形势下的强军目标是一项具有很强开拓性的事业，面对大量新情况新问题，我们必须锐意改革、勇于探索、大胆创新。从这次会议开始，新一轮国防和军队改革就进入实施阶段了，全军必须坚定信心、凝聚意志，统一思想、统一行动，坚决打赢这场攻坚战。

一、自觉增强深化国防和军队改革的使命担当。

人民军队发展史，就是一部改革创新史。在党的领导下，我军从小到大、从弱到强、从胜利走向胜利，一路走来，改革创新步伐从来没有停止过。可以说，我军之所以始终充满蓬勃朝气，同我军与时俱进不断推进自身改革是紧密联系在一起的。现在，我国进入由大向强发展的关键阶段，国防和军队建设处在新的历史起点上，放眼世界，纵观全局，审时度势，我们必须以更大的智慧和勇气深化国防和军队改革。这是实现中国梦强军梦的时代要求，是强军兴军的必由之路，也是决定军队未来的关键一招。

从国际形势看，应对当今世界前所未有之大变局，有效维护国家安全，要求我们必须深化国防和军队改革。近一个时期，我在国内和国际一些场合对当前国际形势都谈了看法。概括起来说，就是当前国际格局和国际体系正在发生深刻调整，全球治理体系正在发生深刻变革，国际力量对比正在发生近代以来最具革命性的变化。国内外很多人都认为，这是世界自威斯特伐利亚和约以来的大变局。威斯特伐利亚和约是十七世纪欧洲主要势力签订的一系列和约，主要内容是根据欧洲政治力量对比变化，确立了神圣罗马帝国统治下的邦国是独立的主权国家，确立了国家主权平等的原则。这是多少时间？大约四百年。当然，这主要是欧洲各国搭建的一个有限的国际格局，那时世界各大洲处于老死不相往来的状态，其他地域还没有纳入国际体系。经过几百年发展，特别是经过第二次世界大战结束以后的发展，发展中国家整体崛起，新兴市场国家实力不断壮大，世界经济版图发生深刻变化，引起国际格局和国际体系发生了前所未有的变化。大变局带来大挑战，也带来大机遇，我们必须因势而谋、应势而动、顺势而为。

现在，我国成为世界第二大经济体，综合实力不断增强，国际地位和影响力不断提升，正可谓"风乍起，吹皱一池春水"。同时，我们面对的压力也在增大，周边安全风险也在增多，维护我国核心利益和发展利益面临更复杂的挑战。

在国际较量中，政治运筹很重要，但说到底还是要看有没有实力、会不会运用实力。有足够的实力，政治运筹才有强大后盾，光靠三寸不烂之舌是不行的。维护和用好我国发展的重要战略机遇期，实现"两个一百年"奋斗目标、实现中华民族伟大复兴的中国梦，军事力量是保底的手段。对这一点，我们要坚定不移。

军事力量能不能成为保底的手段，要看数量，更要看质量。军事领域是竞争最为激烈的领域，也是最具创新活力的领域。当前，世界新军事革命深入发展，武器装备远程精确化、智能化、隐身化、无人化趋势明显，战场不断从传统空间向新型领域拓展，高超声速武器将从根本上改变传统的战争时空观念，战争形态加速由机械化向信息化演变。为了应对世界新军事革命，世界各主要国家纷纷调整安全战略、军事战略，调整军队组织形态。

这场新军事革命，本质是争夺战略主动权。百舸争流，奋楫者先；中流击水，勇进者胜。近代以后，我国封建统治者夜郎自大、固步自封，错失发展机遇，结果国家积贫积弱、军事上逐渐落后，最后到了被动挨打的地步。从鸦片战争到甲午海战，再到八国联军侵华，我国军事力量薄弱、武器装备落后，尽管广大军民十分勇敢、浴血奋战，但最终还是不堪一击。新军事革命为我们提供了千载难逢的机遇，我们要抓住机遇、奋发有为，不仅要赶上潮流、赶上时代，还要力争走在时代前列。我们要有这样的雄心壮志。

从党和国家工作全局看，坚持和发展中国特色社会主义，协调推进"四个全面"战略布局，要求我们必须深化国防和军队改革。对我们这样一个社会主义大国来说，巩固的国防和强大的军队对坚持党的执政地位、坚持和发展中国特色社会主义、实现党和国家长治久安具有特别重要的作用。

党的十八大以来，党中央提出并形成了"四个全面"战略布局。这个战略布局确立了新形势下党和国家各项工作的战略方向、重点领域、主攻目标。深化国防和军队改革，是这个战略布局的重要内容，也是实现这个战略布局的重要支撑，必须围绕这个战略布局来谋划、来推进。

党的十八届五中全会对今后五年党和国家的奋斗目标和重点工作作出了全面部署。今后五年党和国家各项工作，归结起来就是夺取全面建成小康社会决胜阶段的伟大胜利。现在，已经到了向实现第一个百年奋斗目标终点线冲刺的时刻，必须要有紧迫感。党的十八届五中全会提出，坚持发展和安全兼顾、富国和强军统一，实施军民融合发展战略。这就是说，深化国防和军队改革是我们实现全面建成小康社会目标的题中应有之义。

　　处理好军队改革和其他方面改革的关系，是推进国家治理体系和治理能力现代化需要把握好的重大问题。党的十八届三中全会以来，我们密集推出和实施了一系列重大改革举措，全面深化改革取得重大进展。这不仅为深化国防和军队改革创造了良好条件，也对深化国防和军队改革提出了迫切要求。深化国防和军队改革必须同国家改革进程相一致，同经济体制、政治体制、文化体制、社会体制、生态文明体制和党的建设制度改革相协调。

　　从国防和军队自身看，贯彻落实强军目标和军事战略方针，履行好军队使命任务，要求我们必须深化国防和军队改革。适应军队建设发展和军事斗争准备的战略需要，新形势下军事战略方针明确了军事力量建设和运用的新要求。要把这些新要求贯彻落实好，必须深化国防和军队改革。

　　同时，军队内部暴露出来的一些突出问题和矛盾，特别是腐败问题，要求我们必须增强军队自我净化、自我完善、自我革新、自我提高的能力。我在全军政治工作会议上集中点了部队中特别是领导干部中存在的十个方面突出问题。郭伯雄、徐才厚和谷俊山等军以上领导干部被查处，说明问题之多、危害之深到了什么程度。治标治本要紧密结合，如果不通过改革从制度上根本解决问题，在一定条件下这些问题就可能死灰复燃，久而久之军队就有变质变色的危险！

军队是要打仗的，这是我一直说的话。从这些年军队现代化建设和遂行军事斗争任务的情况看，我军打信息化战争能力不够、各级指挥信息化战争能力不够的问题比较突出，军事斗争准备存在不少短板。解决这些问题，归根结底要靠改革。国防和军队改革已进入深水区和攻坚期。"事之当革，若畏惧而不为，则失时为害。"

当前，我们正在进行具有许多新的历史特点的伟大斗争，深化国防和军队改革就是这场斗争的重要方面。对深化国防和军队改革，广大干部群众高度关注、积极支持，全军官兵热烈期盼、坚决拥护。总的看，深化国防和军队改革主客观条件十分有利，面临难得的机会窗口。

我说过，改革关头勇者胜。在深化国防和军队改革上，我们要敢于闯难关、涉险滩、啃硬骨头，下决心在事关战斗力生成和提高的重要领域和关键环节改革上取得实质性突破。全军要以高度的历史自觉和强烈的使命担当，坚定不移深化国防和军队改革，努力交出让党和人民满意的答卷。

二、全面把握深化国防和军队改革的总体要求和战略举措。

深化国防和军队改革的指导思想是，深入贯彻党的十八大和十八届三中、四中、五中全会精神，以马克思列宁主义、毛泽东思想、邓小平理论、"三个代表"重要思想、科学发展观为指导，按照"四个全面"战略布局要求，以党在新形势下的强军目标为引领，贯彻新形势下军事战略方针，全面实施改革强军战略，着力解决制约国防和军队建设的体制性障碍、结构性矛盾、政策性问题，推进军队组织形态现代化，进一步解放和发展战斗力，进一步解放和增强军队活力，建设同我国国际地位相称、同国家安全和发展利益相适应的巩固国防和强大军队，为实现"两个一百年"奋斗目标、实现中华民族伟大复兴的中国梦提供坚强力量保证。

把握这个指导思想，关键是要抓住党在新形势下的强军目标这个"牛鼻子"，坚持用强军目标审视、引领、推进改革。党的十八大以来，围绕实现强军目标，中央军委统筹军队革命化现代化正规化建设，统筹军事力量建设和运用，统筹经济建设和国防建设，制定新形势下军事战略方针，提出一系列重大方针原则，作出一系列重大决策部署。要通过改革把这些重大战略谋划和战略设计落实好，为贯彻强军目标提供强大动力和体制保障。

第一，着眼于贯彻新形势下政治建军的要求，推进领导掌握部队和高效指挥部队有机统一，形成军委管总、战区主战、军种主建的格局。军委管总、战区主战、军种主建，是领导指挥体制改革的总原则。这是党中央、中央军委立足党情国情军情，在把握现代军队领导指挥特点和规律的基础上确定的，有着政治上的深层次考虑。这个总原则要解决的问题，就是在新形势下确保党对军队的绝对领导，确保军委高效指挥军队，确保军委科学谋划和加强部队建设管理。深化国防和军队改革，首先要深刻理解和把握这个总原则，牢牢坚持这个基石。

我多次讲，改革不是改向，变革不是变色。深化国防和军队改革，是中国特色社会主义军事制度自我完善和发展，是为了更好发挥我们军事制度的优势。改革必须坚持坚定正确的政治方向，通过一系列体制设计和制度安排，把党对军队绝对领导的根本原则和制度进一步固化下来并加以完善，强化军委集中统一领导，更好使军队最高领导权和指挥权集中于党中央、中央军委。国防和军队改革不论怎么做，这一条不能有丝毫含糊和动摇。

我们决定对军委总部体制作出调整。总部制是历史形成的，对推动我军建设发展、保证各项重大任务完成发挥了十分重要的作用，应该充分肯定。同时，随着形势和任务发展，这种体制存在的问题也日益凸显，职能泛化、条块分割、政出多门、相互掣肘、战略功能不强的问题比较突出。特别是四总部权力相对集中，事实上成了一个独立领导层级，代行了军委许多职能，不利于军委集中统一领导。我们把总部制改为多部门制，设七个部（厅）、三个委员会、五个直属机构，就是要从职能定位入手，优化军委机关职能配置和机构设置，使军委机关真正成为军委的参谋机关、执行机关、服务机关。

　　长期以来，我军实行作战指挥和建设管理职能合一、建用一体的体制，这是在一定历史条件下形成的。现在看，这种体制难以适应现代军队专业化分工的要求，难以适应信息时代能打仗、打胜仗的要求。这种体制不调整，势必影响作战效能和建设效益，不利于军委对全军实施高效的领导指挥。我们决定重新调整划设战区，建立健全军兵种领导管理体制，就是要使作战指挥职能和建设管理职能相对分离，把联合作战指挥的重心放在战区，把部队建设管理的重心放在军兵种，让战区和军兵种在军委统一领导下各司其职、各负其责。

　　根据国家安全威胁和军队担负的使命任务，我们决定把现在七大军区调整划设为东部、南部、西部、北部、中部五大战区。我们决定健全军委联合作战指挥机构，同时组建战区联合作战指挥机构，构成平战一体、常态运行、专司主营、精干高效的战略战役指挥体系。还要根据联合作战指挥体制，相应调整联合训练、联合保障体制。

　　我们对领导管理体制和联合作战指挥体制进行了一体设计，决定组建陆军领导机构，既解决我军组织体系中长期存在的一个结构性短板，又为建立健全联合作战指挥体制创造条件，也有利于军委机关调整职能、精简机构人员。考虑到第二炮兵实际上担负着一个军种的职能任务，我们决定把第二炮兵更名为火箭军。这样调整后，就构建起军委—战区—部队的作战指挥体系、军委—军种—部队的领导管理体系。

这轮改革力度大，大就大在我们下决心打破了长期实行的总部体制、大军区体制、大陆军体制。这是对我军整个组织架构的一次重塑，军委、战区、军种都必须适应这个新格局。调整后的军委机关要以主要精力履行战略谋划和宏观管理职能，尽快从四总部体制运行模式转变过来。战区要以主要精力研究打仗、指挥作战，尽快从大军区体制运行模式转变过来。军兵种要以主要精力抓好部队建设管理，逐步从建用一体运行模式转变过来。

有的同志担心，新的战区不直接领导管理部队，是不是能对部队实施有效指挥？这里，我要说清楚，战区作为本区域、本方向唯一最高指挥机构，其指挥权责是中央军委赋予的，这是党对军队绝对领导的重要存在形式，所有担负战区作战任务的部队必须坚决服从指挥。要明确战区指挥权责，通过法规制度保证战区指挥权责落到实处。战区指挥既包括战时也包括平时，如果平时不组织战备和军事行动，没有情况牵引备战，没有实践经验积累，一旦打起仗来是难以履行联合作战指挥职能的。

第二，着眼于深入推进依法治军、从严治军，抓住治权这个关键，构建严密的权力运行制约和监督体系。依法治军、从严治军，是我们党建军治军的基本方略。一支现代化军队应该是高度重视法治纪律的军队。我们推进强军事业、建设强大军队，没有法治引领和保障不行。要全面落实中央军委《关于新形势下深入推进依法治军从严治军的决定》，构建完善中国特色军事法治体系，加快实现治军方式的"三个根本性转变"。

依法治军，关键是依法治权，必须加强权力运行制约和监督，切实把权力关进制度的笼子里。这三年来，党中央、中央军委狠抓军队正风反腐，军队"四风"问题和腐败现象蔓延势头得到遏制，但深层次问题还没有完全破解，一些部门和领域反腐败斗争形势仍然复杂严峻。权力必须有制约和监督，绝对权力导致绝对腐败，这是古今中外都证明了的一个道理。我们必须利剑高悬，以顽强的意志品质，坚决减存量、遏增量，推进标本兼治，不断压缩腐败现象生存空间，确保反腐败斗争取得压倒性胜利。

目前，在权力制约和监督方面，我们的制度设计和制度落实存在着一些问题，主要是一些制度执行力不强，权力运行监督体系不完善、不得力，特别是对领导机关、领导干部行使权力的制约和监督形同虚设。"善除害者察其本，善理疾者绝其源。"我们决定按照决策、执行、监督既相互制约又相互协调的原则来区分和配置权力，重点解决纪检、巡视、审计、司法监督独立性和权威性不够的问题，以编密扎紧制度的笼子，补上体制机制方面的漏洞，努力铲除腐败现象滋生蔓延的土壤。

我们决定组建新的军委纪律检查委员会，由军委直接领导，同时向军委机关部门和战区分别派驻纪检组，发挥纪检、巡视监督作用，推动纪委双重领导体制落到实处。在去年调整解放军审计署建制领导关系的基础上，我们决定组建军委审计署，进一步改革审计监督体制，全部实行派驻审计。我们决定组建新的军委政法委员会，可以加强军委对军队政法工作的领导。解放军军事法院、解放军军事检察院由军委政法委员会领导管理，同时调整军事司法体制，按区域设置军事法院、军事检察院，保证它们依法独立公正行使职权。这样的改革设计，有利于形成决策权、执行权、监督权既相互制约又相互协调的权力运行体系。

第三，着眼于打造精锐作战力量，优化规模结构和部队编成，推动我军由数量规模型向质量效能型转变。兵贵精不贵多。我们讲精兵作战、精兵制胜，关键在一个"精"字。我们要优化规模结构、促进内涵式发展，使军队更加精干高效。

我们国家块头大，国境线长，周边安全形势错综复杂，军事斗争和维稳任务很重，军队需要保持较大规模。但是，我军还要继续"消肿"。我们决定裁减军队员额三十万，把军队规模减至二百万，这是适应国家安全战略和军事战略需求确定的，这样的调整从国家政治外交大局看也是有利的。

压缩规模就要精简机关和非战斗机构人员。要坚持精简高效的原则，从军委机关到战区、军种各级机关，单位等级、内设机构、人员编配都要从严从紧控制。如果改革后机关更庞大、领导职数和人员编制更多，那就南辕北辙了。这次军委机关由总部制调整为多部门制，精简力度很大。下一步，还要区分不同情况进行分类整合和精简。这次军委机关在解决臃肿庞杂问题上迈了一大步，为全军调整改革带了好头。

除了压规模，还要调结构。我们决定调整改善军种比例，优化军种力量结构，推动军种建设战略转型。我军干部数量偏大，官兵比例比较高，结合军队规模调整，这次将大幅度压减干部数量。通过扩大"官改兵"、改编非现役人员范围、压减各级机关编制、精简冗余人员、减少领导职数等措施，这个目标是能够实现的。要加大压减老旧装备部队力度，为发展新型作战力量"腾笼换鸟"。在优化规模结构的同时，要根据不同方向安全需求和作战任务改革部队编成，推动部队编成向充实、合成、多能、灵活方向发展。

精简调整是为了提高质量效能，要在精简机构和人员的基础上，推进一场以效能为核心的军事管理革命。要树立现代管理理念，完善管理体系，优化管理流程，提高军队专业化、精细化、科学化管理水平。组建军委训练管理部，有利于加强军事训练的统筹谋划和组织指导，也有利于加强部队和院校管理。要健全管经费、管物资、管采购、管工程等方面的制度，提高军事经济效益。各级特别是高层机关要转变职能、转变作风、转变工作方式，按照法定职责权限抓工作，提高工作效率和组织效能，坚决克服形式主义、官僚主义和"五多"问题。

第四，着眼于抢占未来军事竞争战略制高点，充分发挥创新驱动发展作用，培育战斗力新的增长点。国防科技发展是具有基础性、引领性的战略工程。现在，主要国家高度重视推进高投入、高风险、高回报的前沿科技创新，大力发展能够大幅提升军事能力优势的颠覆性技术。我们国防科技创新搞不上去，就会在竞争中处于下风。总是跟在人家屁股后面追是不行的，一定要在一些领域成为领跑者。我们必须坚持创新发展理念，提高创新对战斗力增长的贡献率。我国国防科技发展正处在爬坡过坎的关键时期，必须选准突破口，超前布局，加强前瞻性、先导性、探索性、颠覆性的重大技术研究和新概念研究，积极谋取军事技术竞争优势。

新型作战力量代表着军事技术和作战方式的发展趋势。发展新型作战力量事不宜迟，不能消极等待，必须积极培育，否则就会错失良机，被对手拉开差距。

第五，着眼于开发管理用好军事人力资源，推动人才发展体制改革和政策创新，形成人才辈出、人尽其才的生动局面。强军兴军，要在得人。随着军事斗争准备和现代化建设深入推进、武器装备和新型作战力量快速发展，人才匮乏问题越来越突出。对干部队伍建设、高素质新型军事人才培养，我考虑得比较多，强调得也比较多。深化国防和军队改革，要有利于人才培养选拔，有利于人力资源高效开发使用，最大限度吸引和集聚优秀人才。

我军军事人力资源分类比较复杂，管理比较分散，政策制度执行随意性大，导致人力资源使用效益不高、浪费现象比较严重。这轮改革，我们坚持党管干部、党管人才，完善人力资源分类，整合人力资源管理职能，加强军事人力资源集中统一管理，努力使军事人力资源能够转化为实实在在的战斗力。我们决定深化军队院校改革，健全三位一体的新型军事人才培养体系，特别是要把联合作战指挥人才和参谋人才、新型作战力量人才培养作为重中之重，推动加快建设高素质新型军事人才队伍。

军队政策制度，关系官兵切身利益，是提高军队战斗力、激发军队活力的重要途径。在这方面，这些年来我们采取了很多举措，但矛盾还比较突出，官兵对政策制度改革呼声很高。我们决定适应军队职能任务需求和国家政策制度创新，推进军官、士兵、文职人员等制度改革，深化军人医疗、保险、住房保障、工资福利等制度改革，完善军事人力资源政策制度和后勤政策制度，建立体现军事职业特点、增强军人职业荣誉感自豪感的政策制度体系，以更好凝聚军心、稳定部队、鼓舞士气。从领导指挥体制改革和裁减军队员额三十万的要求出发，要抓紧推进相关政策制度特别是文职人员制度、军衔主导的等级制度、军官职业化制度的改革。

古人讲："教之、养之、取之、任之，有一非其道，则足以败乱天下之人才。"意思是说，人才要靠教育、培养、选拔、任用，只要有一个环节搞不好，就难以培养和聚集优秀人才。各方面对建立军官职业化制度的必要性认识是一致的，关键是要在军官服役、分类管理、任职资格制度等方面调整改革上取得突破。军官职业化的核心是专业化，是强化打仗能力导向。要科学设置军官职业发展路径，让能力、实绩等客观因素在选人用人中起主导作用。

文职人员是现代军队的重要人力资源。发达国家军队普遍重视文职人员使用，我军文职人员数量比较少，这方面改革空间很大。我们决定建立统一的文职人员制度，把一些军民通用、非直接参与作战的现役人员岗位改由文职人员担任，扩大文职人员编配范围，优化军队人员构成，节约军队人力资源成本，延揽社会优秀人才为军队建设服务。

第六，着眼于贯彻军民融合发展战略，推进跨军地重大改革任务，推动经济建设和国防建设融合发展。军民融合发展既是兴国之举，又是强军之策。把军民融合发展上升为国家战略，是我们长期探索经济建设和国防建设协调发展规律的重大成果，是从国家安全和发展战略全局出发作出的重大决策。既然是国家战略，就要凝聚国家意志、举全国之力，军地同心一起推动落实。

各方面推进军民融合发展的积极性很高，但由于军地协调、需求对接、资源共享机制不完善，军工垄断、市场封闭的格局尚未根本打破，一些重大领域存在着资源分散、重复建设的现象，军民融合整体效益没有充分发挥出来。从地方看，一些部门和地区对贯彻国防需求考虑不足，工作支持力度不够。从军队看，一些部门和单位存在搞小而全、大而全的想法和本位主义观念，没有跳出自成体系、自我发展、自我保障的误区。转变军队建设发展方式，更好把军队建设融入国家经济社会发展体系，是大势所趋，势在必行。军民融合发展对加快转变经济发展方式、调整经济结构也具有重要意义，地方的同志在这个问题上要有高度自觉和实际行动。

打破军民二元分离结构，推动军民融合发展，要着力解决制约军民融合发展的体制机制问题，努力构建统一领导、军地协调、顺畅高效的组织管理体系，国家主导、需求牵引、市场运作相统一的工作运行体系，系统完备、衔接配套、有效激励的政策制度体系，形成全要素、多领域、高效益的军民融合深度发展格局。我们决定成立中央军民融合发展委员会，健全统一领导体制，为推动军民融合发展提供制度保证。

我国实行解放军、武警部队、民兵"三结合"武装力量体制。为加强党中央、中央军委对武装力量的统一领导，按照"军是军、警是警、民是民"的原则，我们决定对警种部队的领导管理体制进行调整改革。国务院有关部门要同军队搞好对接，细化改革实施方案。我们对完善民兵预备役、国防动员体制机制也提出了改革举措。我们决定成立军委国防动员部，履行组织指导国防动员和后备力量建设职能，领导管理省军区。地方各级党委和政府要协同军队抓好这些改革举措的落实。

退役军人安置和管理，关系军队稳定和社会大局稳定。退役军人经过部队严格教育训练和重大任务考验，是党和国家的宝贵财富。退役军人安置和管理保障还存在不少矛盾和问题。我们要在国家层面加强对退役军人管理保障工作的组织领导，健全服务保障体系和相关政策制度。军地有关部门要加强协调、抓紧推进。

军队有偿服务问题也是涉及军地、军民关系的一个大问题。一九九八年，党中央和中央军委决定军队、武警部队停止一切经商活动后，允许军队在一些行业开展对外有偿服务。从调查摸底的情况看，对外有偿服务给军队建设带来不少负面影响，必须下决心全面停止军队开展对外有偿服务。这关系到纯洁部队风气、保持我军性质和本色。鉴于军队在部分领域仍承担国家赋予的社会保障任务，可将这部分任务纳入军民融合发展体系。

三、切实把深化国防和军队改革各项部署落到实处。

根据改革总体方案确定的时间表，二〇二〇年前要在领导管理体制、联合作战指挥体制改革上取得突破性进展，在优化规模结构、完善政策制度、推动军民融合发展等方面改革上取得重要成果，努力构建能够打赢信息化战争、有效履行使命任务的中国特色现代军事力量体系，完善中国特色社会主义军事制度。

现在，深化国防和军队改革总体方案和实施计划都有了，关键要抓好落实。天下大事，必作于细。我们要精心组织、稳扎稳打，以踏石留印、抓铁有痕的精神把各项改革任务完成好。

一是要着力统一思想认识。深化国防和军队改革是一场整体性、革命性变革，推进力度之大、触及利益之深、影响范围之广前所未有。打好这场攻坚战，必须抓好思想教育。这次会议后，要专门安排进行动员教育，深入进行思想发动，把全军思想和行动统一到党中央、中央军委决策部署上来。

这轮改革重点是解决"脖子以上"的问题，矛盾主要集中在上面。深化国防和军队改革怎么搞，前期讨论中会有不同考虑和想法。我们在制定改革方案时大规模、多层次、多轮次征求意见，就是要把各方面好的想法和建议集中起来。现在，经过反复征求意见和斟酌，改革总体方案已经确定，大家就要坚决贯彻执行。高层领率机关和高级干部首先要统一认识，带头讲政治、顾大局、守纪律、促改革、尽职责，以上率下，为全军做好样子。

这里，我要特别强调的是，大家要坚决维护党中央、中央军委改革决策部署的权威性和严肃性，自觉站在听党指挥的高度认识这个问题。我们这支军队历来有一切行动听指挥的好传统。疾风知劲草，烈火见真金。关键时刻最能显出共产党人本色。高级干部受党培养教育几十年，应该有这样的觉悟和境界。我一直强调，听党指挥不是口号，要落实到行动上。如果表态很快、调门很高，做起来却不是那么回事，那叫什么听党指挥？至于目无组织、目无纪律，同组织讨价还价，那更是不允许的。高级干部要严守政治纪律和政治规矩，坚决反对政治上组织上行动上的自由主义。对党中央、中央军委改革决策部署，可以对如何实施好提出合理意见和建议，但对改革的指导思想、基本思路、重大举措，不允许说三道四、乱发议论，不允许自作主张、各行其是，不允许打折扣、搞变通。

当前，部队思想动态基本面是好的。同时，官兵思想非常活跃，各种反映都有。面对这样一场深刻变革，产生一些想法是正常的，没有思想活动是不可能的。军队要讲一切行动听指挥，要讲军令如山、雷厉风行，但也要做艰苦细致的思想政治工作。要把思想政治工作贯穿改革全过程，关注各级思想动态，有针对性地做工作，引导各级强化政治意识、大局意识、号令意识，引导官兵转变理念、更新观念，自觉站在全局高度认识改革，在解放思想中统一思想，正确对待利益调整，积极拥护、支持、参与改革。要高度重视舆论引导特别是网上舆论工作，打好主动仗，传播正能量，为推进改革营造良好舆论氛围。

二是要着力加强组织领导。深化国防和军队改革要取得成功，必须发挥组织的力量和优势，在党中央、中央军委统一领导下有组织有秩序加以推进。军委将下发深化国防和军队改革的意见和相关工作指示，各级要坚决贯彻落实。军委改革领导小组要抓好改革督促落实，及时跟踪、检查、评估重大改革举措落实情况。要把调查研究贯穿改革实施全过程，深化对重大理论和实践问题研究，及时发现和解决新情况新问题。军委改革办要完善相关机制，发挥好统筹、协调、督促、推动作用。领导指挥体制改革先走一步，并不是说其他改革就按兵不动，要抓紧研究论证力量结构、政策制度、军民融合等方面的改革，确保改革梯次接续、前后衔接、纵深推进。

这轮改革同以往改革有个很大不同，以往总部和大单位都是改革的组织者，这次都是改革的对象。从这一实际出发，我们依托总部机关、改革专家咨询组成立了几个军委指导工作组。各指导工作组要深入到调整组建单位中去，加强跟踪指导、具体指导、全程指导，军委巡视组有关人员参加工作组，同步展开巡视工作。四总部既要做好自身调整改革，又要指导好全军改革。新的军委机关部门成立后，要抓紧完善运行机制，尽快进入角色、履行职责。新调整组建的单位要及时建立健全党组织，加强对改革实施工作的组织领导。针对调整组建单位情况，我们成立了相关善后工作机构。各善后工作机构要负起责任，妥善处理各类遗留问题。

深化改革对各级的领导力、组织力、执行力都是考验。各级党委要把抓改革举措落地作为政治责任，提高领导改革能力，发挥核心领导作用。党委主要领导要当好第一责任人，一级抓一级，层层传导压力。对执行不力、落实不到位的，要严肃问责。军队党的建设各项工作要围绕改革来定任务、强措施，保证改革顺利进行。

干部队伍是推进改革的决定性因素。要利用改革契机加强干部队伍建设，贯彻军队好干部标准，树立正确用人导向，坚持五湖四海、任人唯贤，坚持德才兼备、以德为先，搞好领导班子调整配备，选准用好干部，把坚定贯彻强军目标、积极谋划改革、坚决支持改革、勇于投身改革的好干部用起来。广大干部要把推进改革作为展示才能的最好舞台，在改革中经受锻炼和考验，争做改革的促进派和实干家。

三是要着力搞好配套保障。深化国防和军队改革是一个复杂的系统工程，我们制定改革方案坚持了体系设计的原则，实施改革方案也要贯彻体系配套的思想，增强改革的系统性、整体性、协同性，确保改革方案的含金量得到充分体现，确保新旧体制顺利对接、平稳过渡。

我讲过，改革和法治如鸟之双翼、车之两轮。深化国防和军队改革，必须发挥法治的引导、推动、规范、保障作用，确保改革在法治轨道上推进。要坚持立法同改革相衔接，抓紧做好法规制度立改废释工作，缩短新法旧法之间的"过渡期"。对一时来不及修改的法规制度，要抓紧明确暂行规则，使新组建机构运行一开始就有章可循。

领导指挥体制改革，要围绕领导指挥机构组建和运行，统筹推进制度机制配套工作。军委机关由总部制改为多部门制，作战指挥和建设管理职能相对分离，必将对军队内部运行方式、相互关系带来深刻影响。如果配套机制跟不上，新体制就运转不起来，还可能出现混乱局面。必须看到，机制建立和磨合需要一个过程，要同组建新的机构相适应，明确各级各层的职能定位、职责权限，规范领导关系、指挥关系、保障关系，理清工作界面、工作机制、工作流程，保证各级按照新体制正常有序运转。

搞好转隶交接，是改革实施工作的一个重要环节。要组织好人员、物资、经费等交接工作，确保新旧体制转换期间各项工作不松不断不乱。这就跟站岗放哨一样，没有人接哨是不能撤的。要采取有效措施，防止有人趁改革之机浑水摸鱼、谋取私利，防止发生违规用人、突击花钱、经费物资私相授受等问题。要妥善处理军地现实矛盾和历史遗留问题，绝不允许损害群众利益。要严肃各项纪律，纪检、巡视、审计等部门要加强执纪监督。

这轮改革有很多干部要调整分流和编余安置，有大批干部要退出现役，配套保障政策措施要跟上。对干部个人，我们要强调自觉服从安排，但组织上必须满腔热情关心每个干部切身利益，多办暖人心、稳军心的事。要把妥善安置同保留骨干、改善结构结合起来，科学制定干部调整安排计划方案，合理确定干部进退去留，关心和解决干部实际困难。老干部是党和军队的宝贵财富，要精心做好老干部服务保障接续工作。

四是要着力统筹其他各项工作。当前，军委要把工作指导重心放在改革上，各级要把工作主线放在改革上，统筹考虑安排，各项工作都要围绕改革来谋划、部署、推进。

改革需要有良好政治生态，这同军队抓整顿高度一致。要继续抓紧抓好贯彻全军政治工作会议精神、作风建设和反腐败斗争、各项清理清查后续工作，把"三严三实"专题教育整顿同深化改革紧密结合起来，把严和实的要求贯穿改革全过程，把我军光荣传统和优良作风恢复和发扬起来。

要坚持底线思维，增强风险防控意识和能力，高度重视战备工作，严格落实战备值班等相关制度规定，确保一旦出现突发情况能扛得住、应对得了。军委和战区两级联合作战指挥机构成立后，要尽快运转起来，形成作战指挥能力，抓好各方向各领域备战工作。

要处理好改革和稳定关系，加强部队管理，落实安全责任，及时发现和解决苗头性、倾向性问题，防止发生重大事故案件，保持部队安全稳定和集中统一。

我们要全面学习领会党的十八届五中全会精神，把握好国家经济社会发展对国防和军队建设的新要求，抓紧做好军队建设发展"十三五"规划、统筹经济建设和国防建设"十三五"规划制定工作，编制和执行"十三五"规划要同深化国防和军队改革搞好衔接。

中央国家机关、地方各级党委和政府要强化大局观念，把支持深化国防和军队改革当作分内的事，拿出一些特殊措施和倾斜政策，主动帮助解决好退役军人、职工安置工作，积极配合完成跨军地的改革任务，教育各级干部群众协助军队保护好军产和军用设施，党政军民齐心协力，共同落实深化国防和军队改革各项任务，推动全面实施改革强军战略不断取得新的进展，为实现中国梦强军梦作出新的更大的贡献！

中央军委关于深化国防和军队改革的意见

（二〇一五年十一月二十八日）

为贯彻落实党中央、习主席的战略部署和决策指示，扎实推进深化国防和军队改革，提出如下意见。

一、改革的重大意义、指导思想和基本原则。

（一）重大意义。深化国防和军队改革，是实现中国梦、强军梦的时代要求，是强军兴军的必由之路，也是决定军队未来的关键一招。党的十八大以来，党中央、中央军委和习主席围绕实现强军目标，统筹军队革命化、现代化、正规化建设，统筹军事力量建设和运用，统筹经济建设和国防建设，制定新形势下军事战略方针，提出一系列重大方针原则，作出一系列重大决策部署。贯彻落实党中央、中央军委和习主席的重大战略谋划和战略设计，必须深化国防和军队改革，全面实施改革强军战略，坚定不移走中国特色强军之路。这是应对当今世界前所未有之大变局，有效维护国家安全的必然要求；是坚持和发展中国特色社会主义，协调推进"四个全面"战略布局的必然要求；是贯彻落实强军目标和军事战略方针，履行好军队使命任务的必然要求。全军要充分认清深化国防和军队改革的重要性必要性紧迫性，以高度的历史自觉和强烈的使命担当坚定不移深化国防和军队改革，努力交出党和人民满意的答卷。

（二）指导思想。深入贯彻党的十八大和十八届三中、四中、五中全会精神，以马克思列宁主义、毛泽东思想、邓小平理论、"三个代表"重要思想、科学发展观为指导，深入贯彻习主席系列重要讲话精神特别是国防和军队建设重要论述，按照"四个全面"战略布局要求，以党在新形势下的强军目标为引领，贯彻新形势下军事战略方针，全面实施改革强军战略，着力解决制约国防和军队发展的体制性障碍、结构性矛盾、政策性问题，推进军队组织形态现代化，进一步解放和发展战斗力，进一步解放和增强军队活力，建设同我国国际地位相称、同国家安全和发展利益相适应的巩固国防和强大军队，为实现"两个一百年"奋斗目标、实现中华民族伟大复兴的中国梦提供坚强力量保证。

（三）基本原则。

——坚持正确政治方向。巩固完善党对军队绝对领导的根本原则和制度，保持人民军队的性质和宗旨，发扬我军的光荣传统和优良作风，全面落实军委主席负责制，确保军队最高领导权指挥权集中于党中央、中央军委。

——坚持向打仗聚焦。适应战争形态演变和世界军事发展趋势，牢固确立战斗力这个唯一的根本的标准，切实解决和克服军事斗争准备重难点问题和战斗力建设薄弱环节，构建一体化联合作战体系，全面提升我军能打仗、打胜仗能力。

——坚持创新驱动。贯彻科技强军战略，充分发挥军事理论创新、军事技术创新、军事组织创新、军事管理创新的牵引和推动作用，努力实现我军现代化建设跨越式发展，谋取更大军事竞争优势。

——坚持体系设计。科学把握改革举措的关联性、耦合性，正确处理顶层设计与分层对接、长期布局与过渡安排、体制改革与政策配套的关系，使各项改革相互促进、相得益彰，形成总体效应、取得最佳效果。

——坚持法治思维。充分发挥法治对改革的引领和规范作用，做到重大改革于法有据、改革与立法相协调，注重运用法规制度固化改革成果，在法治轨道上推进改革。

——坚持积极稳妥。既解放思想、与时俱进，努力使这次改革成为突破性的改革，又立足现实、蹄疾步稳，把握改革节奏，控制改革风险，走渐进式、开放式的改革路子，确保部队高度稳定和集中统一。

二、改革的总体目标和主要任务。

（一）总体目标。牢牢把握"军委管总、战区主战、军种主建"的原则，以领导管理体制、联合作战指挥体制改革为重点，协调推进规模结构、政策制度和军民融合深度发展改革。二〇二〇年前，在领导管理体制、联合作战指挥体制改革上取得突破性进展，在优化规模结构、完善政策制度、推动军民融合深度发展等方面改革上取得重要成果，努力构建能够打赢信息化战争、有效履行使命任务的中国特色现代军事力量体系，进一步完善中国特色社会主义军事制度。

按照总体目标要求，二〇一五年，重点组织实施领导管理体制、联合作战指挥体制改革；二〇一六年，组织实施军队规模结构和作战力量体系、院校、武警部队改革，基本完成阶段性改革任务；二〇一七年至二〇二〇年，对相关领域改革作进一步调整、优化和完善，持续推进各领域改革。政策制度和军民融合深度发展改革，成熟一项推进一项。

（二）领导管理体制。着眼加强军委集中统一领导，强化军委机关的战略谋划、战略指挥、战略管理职能，优化军委机关职能配置和机构设置，完善军种和新型作战力量领导管理体制，形成决策权、执行权、监督权既相互制约又相互协调的运行体系。

从职能定位入手，按照突出核心职能、整合相近职能、加强监督职能、充实协调职能的思路，调整改革军委机关设置，由总部制调整为多部门制。军委机关下放代行的军种建设职能，剥离具体管理职能，调整归并同类相近职能，减少领导层级，精简编制员额和直属单位，使指挥、建设、管理、监督四条链路更加清晰，决策、规划、执行、评估职能配置更加合理。

健全军种领导管理体制，优化军种机关职能配置和机构设置，发挥军种在建设管理和保障中的重要作用。调整改革后勤保障领导管理体制，以现行联勤保障体制为基础，调整优化保障力量配置和领导指挥关系，构建与联合作战指挥体制相适应，统分结合、通专两线的后勤保障体制。改革装备发展领导管理体制，构建由军委装备部门集中统管、军种具体建管、战区联合运用的体制架构，装备发展建设实行军委装备部门—军种装备部门体制，装备管理保障实行军委装备部门—军种装备部门—部队保障部门体制。加强国防动员系统的统一领导。

（三）联合作战指挥体制。适应一体化联合作战指挥要求，建立健全军委、战区两级联合作战指挥体制，构建平战一体、常态运行、专司主营、精干高效的战略战役指挥体系。重新调整划设战区。

按照联合作战、联合指挥的要求，调整规范军委联指、各军种、战区联指和战区军种的作战指挥职能。与联合作战指挥体制相适应，完善联合训练体制。

（四）军队规模结构。坚持走中国特色精兵之路，加快推进军队由数量规模型向质量效能型转变。裁减军队现役员额三十万，军队规模由二百三十万逐步减至二百万。优化军种比例，减少非战斗机构和人员。压减军官岗位。优化武器装备规模结构，减少装备型号种类，淘汰老旧装备，发展新型装备。

（五）部队编成。依据不同战略方向安全需求和作战任务，调整结构、强化功能、优化布局，推动部队编成向充实、合成、多能、灵活方向发展。优化预备役部队结构，压减民兵数量，调整力量布局和编组模式。

（六）新型军事人才培养。遵循军事人才培养规律，构建军队院校教育、部队训练实践、军事职业教育三位一体的新型军事人才培养体系。健全军委、军种两级院校领导管理体制，完善初、中、高三级培训体系，调整优化院校规模结构。健全军事职业教育体系，构建全员全时全域军事职业教育平台。创新人才培养制度机制，加强院校与部队共育人才。

（七）政策制度。适应军队职能任务需求和国家政策制度创新，进一步完善军事人力资源政策制度和后勤政策制度，构建体现军事职业特点、增强军人荣誉感自豪感的政策制度体系。调整军队人员分类，逐步建立军衔主导的等级制度，推进军官职业化，改革兵役制度、士官制度、文职人员制度。完善退役军人安置政策和管理机构。深化经费管理、物资采购、工程建设和军人工资、住房、医疗、保险等制度改革。全面停止军队开展对外有偿服务。

（八）军民融合发展。着眼形成全要素、多领域、高效益的军民融合深度发展格局，构建统一领导、军地协调、顺畅高效的组织管理体系，国家主导、需求牵引、市场运作相统一的工作运行体系，系统完备、衔接配套、有效激励的政策制度体系。分类推进相关领域改革，健全军民融合发展法规制度和创新发展机制。

（九）武装警察部队指挥管理体制和力量结构。加强中央军委对武装力量的集中统一领导，调整武警部队指挥管理体制，优化力量结构和部队编成。

（十）军事法治体系。全面贯彻依法治军、从严治军方针，改进治军方式，实现从单纯依靠行政命令的做法向依法行政的根本性转变，从单纯靠习惯和经验开展工作的方式向依靠法规和制度开展工作的根本性转变，从突击式、运动式抓工作的方式向按条令条例办事的根本性转变。健全军事法规制度体系和军事法律顾问制度，改革军事司法体制机制，创新纪检监察体制和巡视制度，完善审计体制机制，改进军事法律人才管理制度，建立健全组织法制和程序规则，全面提高国防和军队建设法治化水平。

三、改革的组织领导。

深化国防和军队改革是一场整体性、革命性变革，推进力度之大、触及利益之深、影响范围之广前所未有，必须始终在党中央、中央军委和习主席的统一领导下，深入贯彻中央军委改革工作会议精神，坚持把加强教育、统一思想贯穿始终，把强化责任、落细落实贯穿始终，把依法推进、稳扎稳打贯穿始终，把底线思维、管控风险贯穿始终，以坚强有力的组织领导保证各项改革任务圆满完成。

（一）强化各级责任担当。各级党委要把抓改革举措落地作为重要政治责任，提高领导改革的能力，充分发挥核心领导作用，主要领导要当好第一责任人。要把调查研究贯穿改革实施全过程，深化对重大理论和实践问题研究，及时发现和解决新情况新问题。要建立健全改革评估和督查机制，加强对改革落实情况的督导检查。各级各部门各改革机构要密切配合、形成合力，军委指导工作组要深入调整组建单位，加强跟踪指导、具体指导、全程指导，军委巡视组同步展开巡视工作。军委改革和编制办公室要完善相关机制，发挥好统筹、协调、督促、推动作用。四总部既要做好自身调整改革，又要指导好全军改革。新的军委机关部门成立后，要抓紧完善运行机制，尽快进入角色、履行职责。新调整组建的单位要及时建立健全党组织，加强对改革实施工作的组织领导。各善后工作机构要负起责任，妥善处理各类遗留问题。

（二）加强思想政治工作。组织全军官兵深入学习习主席关于深化国防和军队改革一系列重要论述，组织抓好专题教育，深入进行思想发动，把全军的思想和行动统一到党中央、中央军委和习主席决策部署上来。高层领率机关和高级干部首先要统一认识，带头讲政治、顾大局、守纪律、促改革、尽职责，以上率下，为全军做好样子。把思想政治工作贯穿改革全过程，关注各级思想动态，有针对性地做工作，引导各级强化政治意识、大局意识、号令意识，引导官兵转变理念、更新观念，自觉站在全局高度认识改革，在解放思想中统一思想，正确对待利益调整，积极拥护、支持、参与改革。高度重视舆论引导特别是网上舆论工作，打好主动仗，传播正能量，为推进改革营造良好舆论氛围。

（三）扎实搞好干部调整安置。把推进改革的过程作为加强干部队伍建设的过程，贯彻军队好干部标准，树立正确用人导向，坚持五湖四海、任人唯贤，坚持德才兼备、以德为先，搞好领导班子调整配备，选准用好干部，把坚定贯彻强军目标、积极谋划改革、坚决支持改革、勇于投身改革的好干部用起来。把妥善安置同保留骨干、改善结构结合起来，科学制定干部调整安置计划方案，合理确定干部进退去留，关心和解决干部实际困难。广大干部要把推进改革作为展示才能的最好舞台，在改革中经受锻炼和考验，争做改革的促进派和实干家。老干部是党和军队的宝贵财富，要精心做好老干部服务保障接续工作。

（四）严密组织转隶交接。认真搞好人员、物资、经费等交接工作，确保新旧体制转换期间人员不失控，资产不流失，各项工作无缝衔接。严格军用土地、营房管理，抓好营区营房设施调整交接，做好在建工程善后工作。全面核实经费物资底数。跟进组织供应保障，及时解决供应中遇到的各种矛盾和问题，确保不断供、不漏供。扎实做好武器装备清点移交，周密组织装备调配保障，严格落实装备管理各项规定。

（五）严格执行各项纪律规定。越是改革的关键时刻，越要把纪律和规矩挺在前面，严格政治纪律、组织纪律、人事纪律、财经纪律、群众纪律、保密纪律。严守政治纪律和政治规矩，坚决反对政治上组织上行动上的自由主义。严肃组织人事纪律，坚持按原则按政策按规矩按程序办事。妥善处理军地现实矛盾和历史遗留问题。纪检、巡视、审计部门要加强执纪监督，严肃查处调整改革期间各类违规违纪问题。

（六）统筹抓好部队战备训练管理。密切关注改革期间国家安全和社会稳定，制定完善应对重大突发情况预案，严格落实战备工作制度规定，保持各级战备值班体系高效运行，确保一旦有事能够及时有效应对。周密筹划组织年度军事训练任务。加强部队管理，落实安全责任，及时发现和解决苗头性、倾向性问题，防止发生重大事故和案件，保持部队安全稳定和集中统一。

对陆军等单位的训词、训令

（二〇一五年十二月——二〇一八年一月）

习　近　平

一

今天，我们召开陆军领导机构、火箭军、战略支援部队成立大会，举行授予军旗仪式。我代表党中央和中央军委，向同志们，向全军部队，致以热烈的祝贺！

成立陆军领导机构、火箭军、战略支援部队，是党中央和中央军委着眼实现中国梦强军梦作出的重大决策，是构建中国特色现代军事力量体系的战略举措，必将成为我军现代化建设的一个重要里程碑，载入人民军队史册。

陆军是党最早建立和领导的武装力量，历史悠久，敢打善战，战功卓著，为党和人民建立了不朽功勋。陆军对维护国家主权、安全、发展利益具有不可替代的作用。你们要弘扬陆军光荣传统和优良作风，适应信息化时代陆军建设模式和运用方式深刻变化，探索陆军发展特点和规律，按照机动作战、立体攻防的战略要求，加强顶层设计和领导管理，优化力量结构和部队编成，加快实现区域防卫型向全域作战型转变，努力建设一支强大的现代化新型陆军。

火箭军是我国战略威慑的核心力量，是我国大国地位的战略支撑，是维护国家安全的重要基石。你们要把握火箭军职能定位和使命任务，按照核常兼备、全域慑战的战略要求，增强可信可靠的核威慑和核反击能力，加强中远程精确打击力量建设，增强战略制衡能力，努力建设一支强大的现代化火箭军。

战略支援部队是维护国家安全的新型作战力量，是我军新质作战能力的重要增长点。你们要坚持体系融合、军民融合，努力在关键领域实现跨越发展，高标准高起点推进新型作战力量加速发展、一体发展，努力建设一支强大的现代化战略支援部队。

同志们！以这次成立大会为起点，陆军、火箭军、战略支援部队就要迈上新的征程了。这是一份荣誉，也是一份责任。在新的征程上，你们要坚持以党在新形势下的强军目标为引领，深入贯彻新形势下军事战略方针，全面实施改革强军战略，坚定不移走中国特色强军之路，时刻听从党和人民召唤，忠实履行党和人民赋予的神圣使命，为实现中国梦强军梦作出新的更大的贡献！

（二〇一五年十二月三十一日在陆军领导机构、火箭军、战略支援部队成立大会上的训词）

二

今天，我们召开中国人民解放军战区成立大会，向各战区授予军旗。我代表党中央和中央军委，向同志们，向各战区指战员，致以热烈的祝贺！

党中央和中央军委决定，建立东部战区、南部战区、西部战区、北部战区、中部战区，组建战区联合作战指挥机构。这是党中央和中央军委着眼实现中国梦强军梦作出的战略决策，是全面实施改革强军战略的标志性举措，是构建我军联合作战体系的历史性进展，对确保我军能打仗、打胜仗，有效维护国家安全，具有重大而深远的意义。

战区担负着应对本战略方向安全威胁、维护和平、遏制战争、打赢战争的使命，对维护国家安全战略和军事战略全局具有举足轻重的作用。

我命令：各战区要牢记使命，坚决贯彻党在新形势下的强军目标，坚决贯彻新形势下军事战略方针，坚决贯彻军委管总、战区主战、军种主建的总原则，建设绝对忠诚、善谋打仗、指挥高效、敢打必胜的联合作战指挥机构。

——各战区要毫不动摇听党指挥，坚持党对军队的绝对领导，坚持政治建军原则，强化政治意识、大局意识、核心意识、看齐意识，自觉同党中央和中央军委保持高度一致，严守政治纪律和政治规矩，不折不扣执行党中央和中央军委命令指示。

——各战区要聚精会神钻研打仗，关注国家安全形势，拓宽战略视野，研究现代战争制胜机理，把握军事力量运用的特点和规律，加紧拟制战区战略，完善作战方案计划，抓好联合训练和指挥训练，积极主动谋取未来战争主动权。

——各战区要高效指挥联合作战，落实军委赋予的指挥权责，按照平战一体、常态运行、专司主营、精干高效的要求，推进指挥能力建设，理顺指挥关系，强化联合指挥、联合行动、联合保障，扎扎实实组织部队完成日常战备和军事行动任务。

——各战区要随时准备领兵打仗，时刻听从党和人民召唤，牢固树立战斗队思想，发扬一不怕苦、二不怕死的战斗精神，培养英勇顽强的战斗作风，保障国家主权、安全、发展利益，以实际行动谱写人民军队光荣历史新篇章，向党和人民交出优秀答卷！

（二〇一六年二月一日在中国人民解放军战区成立大会上的训令）

三

今天，我们召开中央军委联勤保障部队成立大会，向武汉联勤保障基地和无锡、桂林、西宁、沈阳、郑州联勤保障中心授予军旗。我代表党中央和中央军委，向同志们，向联勤保障部队全体指战员，致以热烈的祝贺！

组建联勤保障基地和联勤保障中心，是党中央和中央军委着眼于全面深化国防和军队改革作出的重大决策，是深化军队领导指挥体制改革、构建具有我军特色的现代联勤保障体制的战略举措，对把我军建设成为世界一流军队、打赢现代化局部战争具有重大而深远的意义。

联勤保障部队是实施联勤保障和战略战役支援保障的主体力量，是中国特色现代军事力量体系的重要组成部分。我要求你们，牢记使命，勇挑重担，以党在新形势下的强军目标为引领，深入贯彻新形势下军事战略方针，推进政治建军、改革强军、依法治军，按照联合作战、联合训练、联合保障的要求加快部队建设，努力建设一支强大的现代化联勤保障部队。

——你们要坚决听党指挥，坚持党对军队的绝对领导，坚定理想信念，强化政治意识、大局意识、核心意识、看齐意识，弘扬优良传统，加强作风建设，纯正部队风气，始终坚持部队建设正确政治方向。

——你们要聚焦能打胜仗，牢固树立战斗队思想，坚持战斗力标准，深化军事斗争后勤准备，加快融入联合作战体系，积极开展实战化训练，提高一体化联合保障能力，确保随时拉得出、上得去、保得好。

——你们要锐意改革创新，大力推进改革，优化制度机制，提高管理科学化水平，培养高素质新型人才，推动军民深度融合发展。

——你们要优质高效保障，强化服务意识，改进保障方式，严格政策制度，做好供应保障，服务官兵、服务战斗力、服务部队建设，不断为强军兴军作出新的更大的贡献。

（二〇一六年九月十三日在中央军委联勤保障部队成立大会上的训词）

四

党中央和中央军委决定，全军新调整组建八十四个军级单位。这是我军在实施改革强军战略、走中国特色强军之路上又迈出的重要一步，对实现党在新形势下的强军目标、建设世界一流军队具有重大而深远的意义。

在此，我代表党中央和中央军委，向新调整组建的所有军级单位和全体指战员，致以热烈的祝贺和诚挚的问候！

新调整组建的军级单位，是新体制的重要组成部分，在维护国家主权、安全、发展利益中使命光荣、责任重大。

我命令：各单位要坚决贯彻党中央和中央军委决策指示，以党在新形势下的强军目标为引领，贯彻新形势下军事战略方针，坚持政治建军、改革强军、依法治军，聚焦能打仗、打胜仗推进各项工作，聚精会神锻造召之即来、来之能战、战之必胜的精兵劲旅，为实现中国梦强军梦作出新的更大的贡献！

——各单位要坚决听党指挥，坚持党对军队绝对领导，坚决维护党中央权威，坚决听从党中央和中央军委指挥，强化"四个意识"，坚定理想信念，严守政治纪律和政治规矩，始终坚持部队建设正确政治方向。

——各单位要时刻准备打仗，强化战斗队意识，坚持战斗力标准，集中精力研究军事、研究战争、研究打仗，做好军事行动各项准备，保持高度戒备状态，时刻听从党和人民召唤，忠实履行党和人民赋予的神圣使命。

——各单位要抓紧提升作战能力，适应一体化联合作战要求，适应新体制新编成，锐意改革，开拓创新，提高部队科技含量，发展精锐作战力量，加强实战化训练，增强新质作战能力，加快向质量效能型和科技密集型转变，打造坚不可摧的战斗集体。

——各单位要培育过硬战斗作风，发扬人民军队光荣传统和优良作风，发扬革命英雄主义和集体主义精神，培养敢于斗争、敢于胜利的血性胆魄，激发一不怕苦、二不怕死的英雄气概，加强作风建设，纯正部队风气，培育"四有"新一代革命军人，锻造"四铁"过硬部队，努力为人民军队争取更大光荣。

（二〇一七年四月十八日对新调整组建军级
单位的训令）

五

今天，我们召开新调整组建的军事科学院、国防大学、国防科技大学成立大会，举行授予军旗仪式。我代表党中央和中央军委，向三个单位的全体同志，致以热烈的祝贺和诚挚的问候！

调整组建新的军事科学院、国防大学、国防科技大学，是党中央和中央军委着眼实现中国梦强军梦作出的重大决策，是推进改革强军、构建我军新型军事人才培养体系和军事科研体系的战略举措，必将对加快推进国防和军队现代化、把我军建设成为世界一流军队产生重大而深远的影响。

军事科学院是全军军事科学研究的拳头力量。你们要适应军事科研工作新体制新要求，坚持军事理论和军事科技紧密结合，创新军事科研工作组织模式，推动开展协同创新，发展现代军事科学，努力建设世界一流军事科研机构。

国防大学是培养联合作战人才和高中级领导干部的重要基地。你们要把握高级任职教育院校建设特点和规律，推动教学科研管理创新，突出高素质联合作战指挥和参谋人才培养，加强军事理论研究，努力建设世界一流综合性联合指挥大学。

国防科技大学是高素质新型军事人才培养和国防科

技自主创新高地。你们要紧跟世界军事科技发展潮流，适应打赢信息化局部战争要求，抓好通用专业人才和联合作战保障人才培养，加强核心关键技术攻关，努力建设世界一流高等教育院校。

同志们！军事科学院、国防大学、国防科技大学已经站在新的历史起点上，使命光荣，责任重大。你们要忠实履行党和人民赋予的使命，以党在新形势下的强军目标为引领，贯彻新形势下军事战略方针，推进政治建军、改革强军、依法治军，全面实施科技兴军战略，坚持面向战场、面向部队、面向未来，努力开创军事人才培养和军事科研工作新局面，为实现中国梦强军梦不断作出新的更大的贡献！

（二〇一七年七月十九日在新调整组建的军事科学院、国防大学、国防科技大学成立大会上的训词）

六

党中央决定，调整武警部队领导指挥体制，党中央和中央军委对武警部队实行集中统一领导，实行中央军委—武警部队—部队领导指挥体制。这是党中央从全面落实党对全国武装力量的绝对领导、坚持和发展中国特色社会主义军事制度出发作出的重大政治决定，对实现党在新时代的强军目标、推进国家治理体系和治理能力现代化、实现党和国家长治久安具有重大而深远的意义。

武警部队是党领导的人民武装力量的重要组成部分，在维护国家安全和社会稳定、保卫人民美好生活中肩负着重大职责，在维护政治安全特别是政权安全、制度安全中具有重要作用。要坚决听党指挥，全面贯彻新时代党的强军思想，坚持党的绝对领导，坚决听从党的号令，强化政治意识、大局意识、核心意识、看齐意识，永远做党和人民的忠诚卫士。要加快建设发展，全面贯彻总体国家安全观，按照多能一体、有效维稳的战略要求，加快融入全军联合作战体系，加快构建军地协调联动新格局，加大改革创新，提高质量效益，努力建设一支强大的现代化武装警察部队。要聚力练兵备战，全面贯彻新形势下军事战略方针，始终保持高度戒备，大抓实战化军事训练，扎实做好执勤处突、反恐维稳等各项工作，坚决完成党和人民赋予的新时代使命任务。要坚持依法从严，全面贯彻依法治军、从严治军要求，弘扬光荣传统和优良作风，狠抓正风肃纪、反腐惩恶，纯洁政治生态，凝聚强大正能量，努力在武警部队光荣历史上谱写新的时代篇章。

（二〇一八年一月十日在中央军委向武警部队授旗仪式上的训词）

全面实施创新驱动发展战略，推动国防和军队建设实现新跨越[*]

（二〇一六年三月十三日）

习　近　平

"十三五"时期，是全面建成小康社会的决胜阶段，也是国防和军队建设的关键时期。全军和武警部队要全面贯彻党的十八大和十八届三中、四中、五中全会精神，以邓小平理论、"三个代表"重要思想、科学发展观为指导，按照"四个全面"战略布局要求，深入贯彻新发展理念，以党在新形势下的强军目标为引领，贯彻新形势下军事战略方针，推进政治建军、改革强军、依法治军，加强军队建设和军事斗争准备，确保如期实现国防和军队现代化建设"三步走"发展战略第二步目标。

这里，我重点就贯彻创新驱动发展战略、推进我军改革创新讲点意见。

---

[*] 这是习近平同志在十二届全国人大四次会议解放军代表团全体会议上讲话的一部分。

党的十八届五中全会提出了创新、协调、绿色、开放、共享的发展理念，创新是摆在第一位的。在研究提出这个新发展理念时，我就强调，纵观当今世界发展态势，创新是引领发展的第一动力，实施创新驱动发展战略是我国发展的迫切要求，必须摆在突出位置加以强调。

环顾当今世界，新一轮科技革命、产业革命、军事革命加速推进，创新驱动成为许多国家谋求竞争优势的核心战略。军事领域的创新和竞争尤为激烈。

在国际军事竞争日益激烈的形势下，唯创新者胜。不创新不行，创新慢了也不行。否则就会陷入战略被动，甚至错过整整一个时代。创新能力是一支军队的核心竞争力，也是生成和提高战斗力的加速器。恩格斯讲过，"每个在战史上因采用新的办法而创造了新纪元的伟大的将领，不是新的物质手段的发明者，便是以正确的方法运用他以前所发明的新器材的第一人"。这段话充分说明了创新在军事领域的重要性。

创新能力不足是制约我军建设发展和战斗力提升的突出矛盾。我军建设中一些老大难问题久攻不克，一个重要原因就是创新能力不足。我们要补上军事斗争准备的短板、突破武器装备发展的瓶颈、推进政治工作创新发展、形成现代化的战斗力生成模式、构建中国特色现代军事力量体系、完善中国特色社会主义军事制度，哪一项都离不开创新。当前，我军改革刚迈出第一步。下一步，探索完善运行机制，实现"三个转变"，推进力量规模结构调整优化、政策制度调整改革、构建新型人才培养体系、健全军事法治体系等，都是"硬骨头"，需要以创新的思路办法攻坚破难。

——抓创新，必须下大气力抓理论创新。德国诗人海涅说过："思想走在行动之前，就像闪电出现在雷鸣之前一样。"理论创新对实践创新具有重大先导作用。理论虽然是抽象的，但科学的军事理论就是战斗力。我军建设发展面临着大量新情况新问题，亟需从理论上作出回答。军事战略创新也好，军事科技创新也好，其他方面军事创新也好，都离不开理论指导。

一支强大的军队必须有科学理论作指导。我这里说的，既包括思想政治上的理论指导，也包括军事战略、军事斗争方面的理论指导。毛泽东同志说过："两军敌对的一切问题依靠战争去解决，中国的存亡系于战争的胜负。因此，研究军事的理论，研究战略和战术，研究军队政治工作，不可或缓。"要坚持理论联系实际，既开阔视野又不跟在别人后面亦步亦趋，既开动脑筋又不脱离实际好高骛远，大力推进马克思主义军事理论创新，加快形成具有时代性、引领性、独特性的军事理论体系，为强军兴军实践提供科学理论支撑。

——抓创新，必须下大气力抓科技创新。恩格斯说过："一旦技术上的进步可以用于军事目的并且已经用于军事目的，它们便立刻几乎强制地，而且往往是违反指挥官的意志而引起作战方式上的改变甚至变革。"核心技术是买不来的，军事核心技术更是买不来的。我们这样一个大国、这样一支军队，必须通过自主创新掌握主动，否则只能处处受制于人。要高度重视战略前沿技术发展，确定正确的跟进和突破策略，选准主攻方向和突破口，加紧在一些战略必争领域形成独特优势，争取后来居上、弯道超车。

现在，主要国家高度重视推进高投入、高风险、高回报的前沿科技创新，大力发展能够大幅提升军事能力优势的颠覆性技术。我们必须见之于未萌、识之于未发，超前布局、超前谋划，下好先手棋，打好主动仗，防止同世界军事强国形成新的技术鸿沟。对西方发达国家宣传炒作的一些所谓的新技术新概念，我们要注意甄别，增强认知力、鉴别力，不能听风就是雨，被人牵着鼻子走，陷入被动局面。

——抓创新，必须下大气力抓科学管理。古人说："兵何以为胜？""以治为胜。"科学管理，对降低我军建设成本、提高军事系统运行效率、增强我军战斗力具有十分重要的意义。军队能不能打仗、打胜仗，管理往往起着关键作用。一支军队，理论指导再好，武器装备再好，战斗人员再多，如果管理一团糟，各项要素不能集成发挥作用，也是打不了胜仗的，甚至可能是打不了仗的。必须更新管理理念、完善管理体系、优化管理流程，提高专业化、精细化、科学化水平，推动我军向质量效能型转变，实现集约高效发展。

——抓创新，必须下大气力抓人才集聚。人才是创新的核心要素。我军现有一支十分可观的创新骨干力量。同时，我们也要看到，我军战略科学家、科技帅才还是稀缺的，新兴学科和前沿领域的领军拔尖人才数量还不多。当年搞"两弹一星"，我们虽然物质极端匮乏，但有一批像钱学森、钱三强、邓稼先那样的世界顶尖科学家和一大批优秀科技人才。

加紧集聚大批高端人才，是推动我军改革创新的当务之急。要围绕重要学科领域和创新方向，积极创新人才培养、引进、保留、使用的体制机制和政策制度，以更加开放的视野引进和集聚人才，造就一批世界水平的科学家、科技领军人才、工程师和高水平创新团队，努力培养造就宏大的高素质创新型军事人才队伍。

——抓创新，必须下大气力抓实践创新。实现强军目标需要全军官兵共同奋斗，推进军队改革创新需要全军官兵共同努力。我军蕴含着巨大创新潜能。在我军历史上，著名的王克勤运动、郭兴福教学法等都是普通官兵创造的。空军地空导弹部队营长岳振华创造的"近快战法"，在一九七八年全国科技大会上获一等奖。

近些年来，部队涌现出一大批技术能手、业务尖子、岗位标兵，他们活跃在各条战线，成为我军创新发展的生力军。各级要尊重官兵主体地位，发挥官兵首创精神，大力弘扬创新文化，激发官兵锐意创新的勇气、敢为人先的锐气、蓬勃向上的朝气，激励大家争当创新的推动者和实践者，使谋划创新、推动创新、落实创新成为全军的自觉行动。

我要强调的是，我军贯彻落实创新驱动发展战略，必须坚持战斗力标准，军队一切创新都要用是否增强了我军现实战斗力这个标准来检验，不能搞那些华而不实、中看不中用甚至哗众取宠的东西。

不久前，党中央、国务院制定颁发了《国家创新驱动发展战略纲要》，军队要根据这个纲要制定具体实施方案，推动深入实施创新驱动发展战略落实见效。

总之，靠改革创新推动国防和军队建设实现新跨越，是决定我军前途命运的一个关键。各级领导要带头解放思想、实事求是、与时俱进，推动创新、支持创新、引导创新，以重点突破带动和推进全面创新，不断开创强军兴军新局面。

以更大的智慧和勇气
深化国防和军队改革[*]

（二〇一六年七月二十六日）

习 近 平

　　长期以来，在党的领导下，我军从小到大、从弱到强、从胜利走向胜利，改革创新步伐从来没有停止过。现在，我国进入由大向强发展的关键阶段，国防和军队建设处在新的历史起点上。纵观全局，审时度势，应对国际形势深刻复杂变化，坚持和发展中国特色社会主义，实现"两个一百年"奋斗目标，贯彻落实党在新形势下的强军目标和新形势下军事战略方针，履行好军队使命任务，都要求我们以更大的智慧和勇气深化国防和军队改革。

　　党的十八大以来，党中央对深化国防和军队改革高度重视，坚持把这项重大改革摆在党和国家工作全局的突出位置，放在实现全面建成小康社会奋斗目标、实现

----

　　* 这是习近平同志主持中共十八届中央政治局第三十四次集体学习时讲话的一部分。

中华民族伟大复兴中国梦的战略高度来谋划和推进。在准备党的十八届三中全会过程中，我明确提出，要把深化国防和军队改革纳入全面深化改革的总盘子，上升为党的意志和国家行为，这样可以更好统一思想、凝聚共识、形成合力。党的十八届三中全会后，中央军委成立深化国防和军队改革领导小组和相关工作机构，经过深入调研论证，集中全军智慧，形成了深化国防和军队改革总体方案及相关实施方案。

去年七月底，中央政治局常委会会议审议通过了深化国防和军队改革总体方案。十一月下旬，中央军委召开改革工作会议，国防和军队改革正式进入实施阶段。我们相继成立陆军领导机构、火箭军、战略支援部队，把军委机关由四个总部改为一厅、六部、三个委员会、五个直属机构共十五个职能部门，把七大军区调整划设为东部、南部、西部、北部、中部五大战区，完成海军、空军、火箭军、武警部队机关整编工作。通过这些大力度的改革，人民解放军突破了长期实行的总部体制、大军区体制、大陆军体制，建立了军委管总、战区主战、军种主建的新格局，实现了军队组织架构的一次历史性变革。

深化国防和军队改革是一场整体性、革命性变革。我们的目标是，以党在新形势下的强军目标为引领，贯彻新形势下军事战略方针，全面实施改革强军战略，着力解决制约国防和军队建设的体制性障碍、结构性矛盾、政策性问题，推进军队组织形态现代化，进一步解放和发展战斗力，进一步解放和增强军队活力，建设同我国国际地位相称、同国家安全和发展利益相适应的巩固国防和强大军队，为实现"两个一百年"奋斗目标、实现中华民族伟大复兴的中国梦提供坚强力量保证。

根据改革总体方案确定的时间表，二〇二〇年前要在领导管理体制、联合作战指挥体制改革上取得突破性进展，在优化规模结构、完善政策制度、推动军民融合发展等方面改革上取得重要成果，努力构建能够打赢信息化战争、有效履行使命任务的中国特色现代军事力量体系，完善中国特色社会主义军事制度。

现在，深化国防和军队改革势头很好，但后续任务依然艰巨繁重。我们要再接再厉，乘势而上，迎难而上，扎扎实实把深化国防和军队改革推向前进。

第一，进一步坚定改革信心。对深化国防和军队改革，党中央坚定不移，广大官兵坚决拥护，全党全国各族人民热情支持。这是我们推进改革最为深厚的政治基础和群众基础。前期领导指挥体制改革，很多同志感到很难，但我们下定决心，解决了一些多年来想解决但一直没有很好解决的问题，解决了许多过去认为不可能解决的问题。这也再次表明，改革关头勇者胜，只要是我们看准了的、认定了的事情，坚定信心、下决心干，就没有干不成的。在国防和军队改革向纵深推进的关键当口，我们要有定力、有担当、有韧劲，继续蹄疾步稳向前走。

当前，我国安全形势严峻面上升，但仍然总体可控，这是主流。近一个时期，面对我国快速发展壮大，有的国家加大对我国战略遏制和围堵力度。我说过，我们不信邪也不怕邪，不惹事也不怕事，兵来将挡，水来土掩，天塌不下来。同时，我们必须清醒看到，维护国家安全，我们要综合运用政治、外交、经济、文化、法理等多种手段，但军事手段始终是保底的，是起定海神针作用的。能战方能止战。军事这一手不过硬，就可能陷入战略被动。我们要增强忧患意识、危机意识、紧迫意识，通过深化国防和军队改革，加快把军事实力搞上去。形势不等人！

第二，进一步把准改革方向。这次深化国防和军队改革是着眼长远的战略筹划，是为党和国家长治久安谋，把握改革方向至关重要。要紧紧围绕实现党在新形势下的强军目标，贯彻新形势下军事战略方针，坚持正确政治方向，坚持向打仗聚焦，坚持创新驱动，坚持体系设计，坚持法治思维，坚持积极稳妥，确保改革在正确轨道上前进。

关于国防和军队各领域改革的方向、路径、重点，深化国防和军队改革总体方案作了明确，概括起来主要是这么几个方面。

一是在领导管理和作战指挥体制改革方面，要按照军委管总、战区主战、军种主建的总原则，以重塑军委机关和战区为重点，理顺指挥与管理、平时与战时的关系，强化中央军委集中统一领导和战略指挥、战略管理功能，形成决策权、执行权、监督权既相互制约又相互协调的运行体系，构建平战一体、常态运行、专司主营、精干高效的战略战役指挥体系。这方面，大的体制已经立起来了，下一步关键是要健全运行机制，把新体制优势和效能充分发挥出来。

二是在规模结构和作战力量体系改革方面，要适度压缩军队规模，调整重大比例关系，减少非战斗机构和人员，推动军队由数量规模型向质量效能型转变，部队编成向充实、合成、多能、灵活方向发展。特别是要扭住新型作战力量建设这个战略重点，大幅度提高新质战斗力比重，努力构建以精锐作战力量为主体的军事力量体系。

三是在军队政策制度调整改革方面，要坚持党管干部、党管人才的原则，立起打仗的鲜明导向，营造公平公正的制度环境，使军事人力资源配置达到最佳状态，把军队战斗力和活力充分激发出来。同时，加强管钱管物制度设计，确保国防资源向战斗力建设聚焦、向军事斗争准备急需用力、向保障官兵物质生活倾斜。

四是在依法治军方面，要适应全面依法治国新要求，构建中国特色军事法治体系，推动实现治军方式从单纯依靠行政命令的做法向依法行政的根本性转变，从单纯靠习惯和经验开展工作的方式向依靠法规和制度开展工作的根本性转变，从突击式、运动式抓工作的方式向按条令条例办事的根本性转变，提高国防和军队建设法治化水平。

五是在军民融合发展方面，要适应国防发展要求，打破军民二元分离结构，打破军队自成体系、自我保障的建设模式，构建军民融合组织管理体系、工作运行体系、政策制度体系，形成全要素、多领域、高效益的军民融合深度发展格局。

第三，进一步抓好改革落实。按计划，下一步将论证实施军队规模结构和作战力量体系、院校、武警部队等方面改革，还要抓好领导指挥体制改革后续工作，抓落实的任务很重。要加强组织领导，抓铁有痕、踏石留印，确保各项改革举措落实、落细、落稳。

落实深化国防和军队改革任务，关键在各级党委，在军队各级领导干部特别是高级干部。军队各级党委要把抓改革任务落实作为重大政治责任，着力提高精准理解、精准发力、精准落地能力，高标准完成好担负的改革任务。要做好思想政治工作，引导广大官兵读懂改革、吃透改革，在解放思想中统一思想，提高拥护改革、投身改革的自觉性主动性，为推进改革打下坚实思想政治基础。军队各级领导干部特别是高级干部要带头做改革的促进派、实干家，自觉在大局下定位、思考、行动，冲破利益固化的藩篱，把对党忠诚、听党指挥、向党看齐体现到落实改革任务上。

当前和今后一个时期，深化国防和军队改革将多线展开，要抓好工作统筹，把握好改革进程和节奏，推动改革举措有序衔接、压茬推进。要加强改革督查，打通"中梗阻"，打通"最后一公里"，对执行不力、落实不严的要严肃问责。

第四，进一步凝聚改革合力。深化国防和军队改革是全党全国的共同事业，中央和国家机关、地方各级党委和政府以及有关方面要强化国防意识，一如既往关心支持国防和军队建设，积极配合完成跨军地的改革任务。

今年五月，中央下发了《关于经济建设和国防建设融合发展的意见》，军地双方要认真抓好落实，把军民融合发展的理念和要求贯穿经济建设和国防建设全过程。要注重在经济建设中贯彻国防需求，自觉把经济布局调整同国防布局完善有机结合起来。

退役军人管理保障是关系改革发展稳定、国防和军队建设的大问题，这方面改革要从政治和全局高度加以看待，切实抓好抓实。深化国防和军队改革期间，军队转业安置干部比较多，中央和国家机关有关部门、各地方要全面落实党中央决策部署，把军转干部安置好、使用好，确保军转安置工作圆满完成。

上下同欲者胜。在党中央和中央军委坚强领导下，通过全军官兵不懈努力和各方面大力支持，我们一定能够完成深化国防和军队改革目标任务，把国防和军队建设向前推进一大步。

在纪念红军长征胜利八十周年大会上的讲话

（二〇一六年十月二十一日）

习 近 平

同志们：

今天，我们在这里隆重集会，纪念中国工农红军长征胜利八十周年。

红军长征的那个年代，中国处在半殖民地半封建社会的黑暗境地，社会危机四伏，日寇野蛮侵略，国民党反动派置民族危亡于不顾，向革命根据地连续发动大规模"围剿"，中国共产党和红军到了危急关头，中国革命到了危急关头，中华民族到了危急关头。

面对生死存亡的严峻考验，从一九三四年十月至一九三六年十月，红军第一、第二、第四方面军和第二十五军进行了伟大的长征。我们党领导红军，以非凡的智慧和大无畏的英雄气概，战胜千难万险，付出巨大牺牲，胜利完成震撼世界、彪炳史册的长征，宣告了国民党反动派消灭中国共产党和红军的图谋彻底失败，宣告了中国共产党和红军肩负着民族希望胜利实现了北上抗日的战略转移，实现了中国共产党和中国革命事业从挫折走向胜利的伟大转折，开启了中国共产党为实现民族独立、人民解放而斗争的新的伟大进军。

这一惊天动地的革命壮举，是中国共产党和红军谱写的壮丽史诗，是中华民族伟大复兴历史进程中的巍峨丰碑。

在这里，我代表党中央、国务院和中央军委，代表全党全军全国各族人民，向领导红军创造这一历史伟业的毛泽东、周恩来、朱德同志等老一辈革命家，向在长征中浴血奋战和在各地坚持革命斗争的红军指战员，向当年支援红军长征的各族人民特别是各革命根据地人民，向所有健在的红军老战士，致以崇高的敬意！

我提议，全体起立，为在长征途中和在各地革命斗争中英勇牺牲的革命烈士默哀！

同志们！

穿越历史的沧桑巨变，回望八十年前那段苦难和辉煌，我们更加深刻地认识到，长征在我们党、国家、军队发展史上具有十分伟大的意义，对中华民族历史进程具有十分深远的影响。

——长征是一次理想信念的伟大远征。崇高的理想，坚定的信念，永远是中国共产党人的政治灵魂。中国共产党从成立之日起，就把共产主义确立为远大理想，始终团结带领中国人民朝着这个伟大理想前行。党和红军几经挫折而不断奋起，历尽苦难而淬火成钢，归根到底在于心中的远大理想和革命信念始终坚定执着，始终闪耀着火热的光芒。

长征途中，英雄的红军，血战湘江，四渡赤水，巧渡金沙江，强渡大渡河，飞夺泸定桥，鏖战独树镇，勇克包座，转战乌蒙山，击退上百万穷凶极恶的追兵阻敌，征服空气稀薄的冰山雪岭，穿越渺无人烟的沼泽草地，纵横十余省，长驱二万五千里。主力红军长征后，留在根据地的红军队伍和游击队，在极端困难的条件下，紧紧依靠人民群众，坚持游击战争。西北地区红军创建陕甘革命根据地，同先期到达陕北的红二十五军一起打破了敌人的重兵"围剿"，为党中央把中国革命的大本营安置在西北创造了条件。东北抗日联军、坚持在国民党统治区工作的党组织以及党领导的各方面力量都进行了艰苦卓绝的斗争，都为长征胜利作出了不可磨灭的贡献。

长征的胜利，是中国共产党人理想的胜利，是中国共产党人信念的胜利。"风雨浸衣骨更硬，野菜充饥志越坚；官兵一致同甘苦，革命理想高于天。"在风雨如磐的长征路上，崇高的理想，坚定的信念，激励和指引着红军一路向前。在红一方面军二万五千里的征途上，平均每三百米就有一名红军牺牲。长征这条红飘带，是无数红军的鲜血染成的。艰难可以摧残人的肉体，死亡可以夺走人的生命，但没有任何力量能够动摇中国共产党人的理想信念。

长征的胜利，靠的是红军将士压倒一切敌人而不被任何敌人所压倒、征服一切困难而不被任何困难所征服的英雄气概和革命精神。长征向全中国、向全世界庄严宣告，中国共产党及其领导的人民军队，是用马克思主义武装的、以共产主义为崇高理想和坚定信念的。长征路上的苦难、曲折、死亡，检验了中国共产党人的理想信念，向世人证明了中国共产党人的理想信念是坚不可摧的。

——长征是一次检验真理的伟大远征。真理只有在实践中才能得到检验，真理只有在实践中才能得到确立。长征途中，红军面临着凶恶残暴的追兵阻敌，面临着严酷恶劣的自然环境，还面临着同党内错误思想的激烈斗争。经过长征，党和红军不是弱了，而是更强了，因为我们党找到了中国革命的正确道路，找到了指引这条道路的正确理论。

长征途中，党中央召开的遵义会议，是我们党历史上一个生死攸关的转折点。这次会议确立了毛泽东同志在红军和党中央的领导地位，开始确立了以毛泽东同志为主要代表的马克思主义正确路线在党中央的领导地位，开始形成以毛泽东同志为核心的党的第一代中央领导集体，这是我们党和革命事业转危为安、不断打开新局面最重要的保证。

长征的胜利，使我们党进一步认识到，只有把马克思列宁主义基本原理同中国革命具体实际结合起来，独立自主解决中国革命的重大问题，才能把革命事业引向胜利。这是在血的教训和斗争考验中得出的真理。

长征的胜利，实现了在追求真理、坚持真理的基础上全党的空前团结、红军的空前团结。没有这种思想上政治上的大团结，中国革命胜利是不可能实现的。经过长征的千锤百炼，我们党在思想上不断成熟，成为中国人民进行抗日战争的中流砥柱，成为中国革命赢得最后胜利的中坚力量。

——长征是一次唤醒民众的伟大远征。红军打胜仗，人民是靠山。长征是历史纪录上的第一次，长征是宣言书，长征是宣传队，长征是播种机。面对正义和邪恶两种力量的交锋、光明和黑暗两种前途的抉择，我们党始终植根于人民，联系群众、宣传群众、武装群众、团结群众、依靠群众，以自己的模范行动，赢得人民群众真心拥护和支持，广大人民群众是长征胜利的力量源泉。

长征途中，我们党高举全民族团结抗战的大旗，推动了抗日民族统一战线的形成，吹响了全民族觉醒和奋起的号角，汇聚起团结抗日、一致对外的强大力量。广大人民群众深刻认识到，中国共产党是为人民谋利益的党，红军是人民的军队、真正抗日的力量，中国共产党指引的道路是人民群众翻身得解放的正确道路。

长征的胜利，宣传了我们党的主张，播撒下革命的火种，扩大了党和红军的影响，巩固了党同人民群众的血肉联系，使党牢牢扎根在人民之中。

长征的胜利，充分展示了中国共产党性质和宗旨的力量，充分说明了中国共产党必须在人民中间生根开花，必须紧紧依靠人民来克服困难、赢得胜利。

——长征是一次开创新局的伟大远征。长征的胜利，是方向和道路的胜利。长征的过程，不仅是战胜敌人、赢得胜利、实现战略目标的过程，而且是联系实际、创新理论、探索革命道路的过程。长征出发前，由于党内"左"倾教条主义的错误领导，中央革命根据地第五次反"围剿"失败，其他根据地也遭受挫折，中国革命面临着方向和道路的抉择。面对乱云飞渡、惊涛骇浪，我们党表现出无所畏惧的伟大实践精神，表现出浴火重生的伟大创造精神，在血与火中蹚出了一条走向新生、走向胜利的革命道路。

长征途中，我们党通过艰苦卓绝的实践探索，成功把解决生存危机同拯救民族危亡联系在一起，把长征的大方向同建立抗日前进阵地联系在一起，实现了国内革命战争向抗日民族战争的转变，为夺取中国人民抗日战争胜利、进而夺取新民主主义革命胜利打下了坚实基础。

长征的胜利，不仅保存了革命力量，而且使我们党找到了中国革命力量生存发展新的落脚点，找到了中国革命事业胜利前进新的出发点。从长征的终点出发，我们党领导中国人民展开了中国革命波澜壮阔的新画卷。

长征的胜利，使我们党以陕甘宁革命根据地为中心，推动一大批革命根据地如雨后春笋般建立和发展起来，革命的火种在神州大地渐成燎原之势，有力推动了新的革命高潮到来。

同志们！

"艰难困苦，玉汝于成。"长征历时之长、规模之大、行程之远、环境之险恶、战斗之惨烈，在中国历史上是绝无仅有的，在世界战争史乃至人类文明史上也是极为罕见的。

在漫漫征途中，红军将士同敌人进行了六百余次战役战斗，跨越近百条江河，攀越四十余座高山险峰，其中海拔四千米以上的雪山就有二十余座，穿越了被称为"死亡陷阱"的茫茫草地，用顽强意志征服了人类生存极限。红军将士上演了世界军事史上威武雄壮的战争活剧，创造了气吞山河的人间奇迹。

八十年来，世界范围内关于红军长征的报道和研究层出不穷，慕名前来寻访长征路的人络绎不绝。国际社会越来越多的人认为，红军长征是二十世纪最能影响世界前途的重要事件之一，是充满理想和献身精神、用意志和勇气谱写的人类史诗。长征迸发出的激荡人心的强大力量，跨越时空，跨越民族，是人类为追求真理和光明而不懈努力的伟大史诗。

同志们！

长征这一人类历史上的伟大壮举，留给我们最可宝贵的精神财富，就是中国共产党人和红军将士用生命和热血铸就的伟大长征精神。

伟大长征精神，就是把全国人民和中华民族的根本利益看得高于一切，坚定革命的理想和信念，坚信正义事业必然胜利的精神；就是为了救国救民，不怕任何艰难险阻，不惜付出一切牺牲的精神；就是坚持独立自主、实事求是，一切从实际出发的精神；就是顾全大局、严守纪律、紧密团结的精神；就是紧紧依靠人民群众，同人民群众生死相依、患难与共、艰苦奋斗的精神。

伟大长征精神，是中国共产党人及其领导的人民军队革命风范的生动反映，是中华民族自强不息的民族品格的集中展示，是以爱国主义为核心的民族精神的最高体现。

人无精神则不立，国无精神则不强。精神是一个民族赖以长久生存的灵魂，唯有精神上达到一定的高度，这个民族才能在历史的洪流中屹立不倒、奋勇向前。伟大长征精神，作为中国共产党人红色基因和精神族谱的重要组成部分，已经深深融入中华民族的血脉和灵魂，成为社会主义核心价值观的丰富滋养，成为鼓舞和激励中国人民不断攻坚克难、从胜利走向胜利的强大精神动力。

同志们！

历史是人民创造的，英雄的人民创造英雄的历史。今天中国的进步和发展，就是从长征中走出来的。

早在新中国成立前夕，毛泽东同志就告诫我们："夺取全国胜利，这只是万里长征走完了第一步。"新中国成立后，经过艰苦摸索和曲折实践，我们开启了改革开放新时代，迈上了建设中国特色社会主义新长征之路。

改革开放三十多年来，在中国共产党领导下，全国各族人民团结一心、艰苦奋斗，我国改革开放和社会主义现代化事业加速发展，人民生活得到根本改善，我国社会主义制度极大巩固和发展，我们迎来了中华民族实现伟大复兴的光明前景。

坚持和发展中国特色社会主义是一项长期的艰巨的历史任务。邓小平同志说："我们搞社会主义才几十年，还处在初级阶段。巩固和发展社会主义制度，还需要一个很长的历史阶段，需要我们几代人、十几代人，甚至几十代人坚持不懈地努力奋斗，决不能掉以轻心。"

历史是不断向前的，要达到理想的彼岸，就要沿着我们确定的道路不断前进。每一代人有每一代人的长征路，每一代人都要走好自己的长征路。今天，我们这一代人的长征，就是要实现"两个一百年"奋斗目标、实现中华民族伟大复兴的中国梦。

今天的长征同当年的红军长征相比，同改革开放以来我们已经走过的新长征之路相比，虽然在环境、条件、任务、力量等方面有一些差异甚至有很大不同，但都是具有开创性、艰巨性、复杂性的事业。

实现伟大的理想，没有平坦的大道可走。夺取坚持和发展中国特色社会主义伟大事业新进展，夺取推进党的建设新的伟大工程新成效，夺取具有许多新的历史特点的伟大斗争新胜利，我们还有许多"雪山"、"草地"需要跨越，还有许多"娄山关"、"腊子口"需要征服，一切贪图安逸、不愿继续艰苦奋斗的想法都是要不得的，一切骄傲自满、不愿继续开拓前进的想法都是要不得的。

长征永远在路上。一个不记得来路的民族，是没有出路的民族。不论我们的事业发展到哪一步，不论我们取得了多大成就，我们都要大力弘扬伟大长征精神，在新的长征路上继续奋勇前进。

——弘扬伟大长征精神，走好今天的长征路，必须坚定共产主义远大理想和中国特色社会主义共同理想，为崇高理想信念而矢志奋斗。长征胜利启示我们：心中有信仰，脚下有力量；没有牢不可破的理想信念，没有崇高理想信念的有力支撑，要取得长征胜利是不可想象的。邓小平同志说："过去我们党无论怎样弱小，无论遇到什么困难，一直有强大的战斗力，因为我们有马克思主义和共产主义的信念。有了共同的理想，也就有了铁的纪律。无论过去、现在和将来，这都是我们的真正优势。"

在新的长征路上，我们一定要保持理想信念坚定，不论时代如何变化，不论条件如何变化，都风雨如磐不动摇，自觉做共产主义远大理想和中国特色社会主义共同理想的坚定信仰者、忠实实践者，永远为了真理而斗争，永远为了理想而斗争。

"石可破也，而不可夺坚；丹可磨也，而不可夺赤。"理想信念的坚定，来自思想理论的坚定。认识真理，掌握真理，信仰真理，捍卫真理，是坚定理想信念的精神前提。中国共产党人的理想信念，建立在马克思主义科学真理的基础之上，建立在马克思主义揭示的人类社会发展规律的基础之上，建立在为最广大人民谋利益的崇高价值的基础之上。我们坚定，是因为我们追求的是真理。我们坚定，是因为我们遵循的是规律。我们坚定，是因为我们代表的是最广大人民根本利益。

坚定理想信念，就要深入学习马克思列宁主义、毛泽东思想、邓小平理论、"三个代表"重要思想、科学发展观，深入学习党的十八大以来党中央治国理政新理念新思想新战略，让真理武装我们的头脑，让真理指引我们的理想，让真理坚定我们的信仰。要坚持学而信、学而思、学而行，把学习成果转化为不可撼动的理想信念，转化为正确的世界观、人生观、价值观，用理想之光照亮奋斗之路，用信仰之力开创美好未来。

——弘扬伟大长征精神，走好今天的长征路，必须坚定中国特色社会主义道路自信、理论自信、制度自信、文化自信，为夺取中国特色社会主义伟大事业新胜利而矢志奋斗。长征胜利启示我们：只有掌握科学理论才能把握正确前进方向；只有立足实际、独立自主开辟前进道路，才能不断走向胜利。长征走过的道路，不仅翻越了千山万水，而且翻越了把马克思主义当做一成不变的教条的错误思想障碍。长征给我们的根本经验和启示，就是要坚持马克思主义基本原理同中国具体实际相结合，坚定不移走符合中国国情的革命、建设、改革道路。

在新的长征路上，我们要坚信，中国特色社会主义道路是实现社会主义现代化的必由之路，是指引中国人民创造自己美好生活的必由之路。中国特色社会主义理论体系是指导党和人民沿着中国特色社会主义道路实现中华民族伟大复兴的正确理论，是立于时代前沿、与时俱进的科学理论。中国特色社会主义制度是当代中国发展进步的根本制度保障，是具有鲜明中国特色、明显制度优势、强大自我完善能力的先进制度。中国特色社会主义文化积淀着中华民族最深层的精神追求，代表着中华民族独特的精神标识，是中国人民胜利前行的强大精神力量。这一点，不仅已经在理论上被证明是正确的，而且在实践上也被证明是正确的。

中国特色社会主义，承载着几代中国共产党人的理想和探索，寄托着无数仁人志士的夙愿和期盼，凝聚着亿万人民的奋斗和牺牲，是近代以来中国社会发展的必然选择。我们强调坚定道路自信、理论自信、制度自信、文化自信，不是说就固步自封、不思进取了，我们必须不断有所发现、有所发明、有所创造、有所前进，使中国特色社会主义永远充满蓬勃生机活力。同时，我们要永远记住，我们所进行的一切完善和改进，都是在既定方向上的继续前进，而不是改变方向，更不是要丢掉我们党、国家、人民安身立命的根本。

——弘扬伟大长征精神，走好今天的长征路，必须把人民放在心中最高位置，坚持一切为了人民、一切依靠人民，为人民过上更加美好生活而矢志奋斗。长征胜利启示我们：人民群众有着无尽的智慧和力量，只有始终相信人民，紧紧依靠人民，充分调动广大人民的积极性、主动性、创造性，才能凝聚起众志成城的磅礴之力。一部红军长征史，就是一部反映军民鱼水情深的历史。在湖南汝城县沙洲村，三名女红军借宿徐解秀老人家中，临走时，把自己仅有的一床被子剪下一半给老人留下了。老人说，什么是共产党？共产党就是自己有一条被子，也要剪下半条给老百姓的人。同人民风雨同舟、血脉相通、生死与共，是中国共产党和红军取得长征胜利的根本保证，也是我们战胜一切困难和风险的根本保证。中国共产党之所以能够发展壮大，中国特色社会主义之所以能够不断前进，正是因为依靠了人民。中国共产党之所以能够得到人民拥护，中国特色社会主义之所以能够得到人民支持，也正是因为造福了人民。

在新的长征路上，全党必须牢记，为什么人、靠什么人的问题，是检验一个政党、一个政权性质的试金石。我们要始终把人民立场作为根本政治立场，把人民利益摆在至高无上的地位，不断把为人民造福事业推向前进。我们要团结带领全体人民，以自己的辛勤劳动和不懈努力，不断保障和改善民生，让改革发展成果更多更公平惠及全体人民，朝着实现全体人民共同富裕的目标稳步迈进。

"水能载舟，亦能覆舟。"这个道理我们必须牢记，任何时候都不能忘却。老百姓是天，老百姓是地。忘记了人民，脱离了人民，我们就会成为无源之水、无本之木，就会一事无成。我们要坚持党的群众路线，始终保持党同人民群众的血肉联系，始终接受人民群众批评和监督，心中常思百姓疾苦，脑中常谋富民之策，使我们党永远赢得人民群众信任和拥护，使我们的事业始终拥有不竭的力量源泉。

团结是战胜一切困难的强大力量，是凝聚人心、成就伟业的重要保证。在为中华民族伟大复兴而奋斗的征程中，我们一定要巩固全国各族人民大团结，增强各党派、各团体、各民族、各阶层以及各方面的团结，坚决维护国家统一和社会和谐稳定，坚决反对任何破坏统一和团结的分裂活动。我们要凝聚起全体人民智慧和力量，激发出全社会创造活力和发展动力，让全体中华儿女万众一心、团结奋斗迸发出来的磅礴力量成为实现中华民族伟大复兴的强大动力。

——弘扬伟大长征精神，走好今天的长征路，必须把握方向、统揽大局、统筹全局，为实现我们的总任务、总布局、总目标而矢志奋斗。长征胜利启示我们：一个党要立于不败之地，必须立于时代潮头，紧扣新的历史特点，科学谋划全局，牢牢把握战略主动，坚定不移实现我们的战略目标。长征走的是高山峻岭，渡的是大河险滩，过的是草地荒原，但每一个行程、每一次突围、每一场战斗都从战略全局出发，既赢得了战争胜利，也赢得了战略主动。这既是一种精神，也是一种智慧。

在新的长征路上，我们要立足世情国情党情，统筹国内国际两个大局，统筹党和国家事业发展全局，协调推进各项事业发展，抓住战略重点，实现关键突破，赢得战略主动，防范系统性风险，避免颠覆性危机，维护好发展全局。

坚持和发展中国特色社会主义，总任务是实现社会主义现代化和中华民族伟大复兴。我们必须统筹推进"五位一体"总体布局、协调推进"四个全面"战略布局，一心一意为实现"两个一百年"奋斗目标而努力工作，不断把完成总任务的历史进程推向前进。发展对坚持和发展中国特色社会主义具有决定性意义，我们必须坚持以经济建设为中心，坚持以新发展理念引领经济发展新常态，破解发展难题，厚植发展优势，不断为坚持和发展中国特色社会主义奠定强大物质基础。改革是决定当代中国命运的关键一招，我们必须坚定不移高举改革旗帜，坚决冲破思想观念束缚，坚决破除利益固化藩篱，坚决清除妨碍生产力发展和社会进步的体制机制障碍，不断推进国家治理体系和治理能力现代化。创新是引领发展的第一动力，我们必须解放思想、实事求是、与时俱进，坚定不移推进理论创新、实践创新、制度创新以及其他各方面创新，让党和国家事业始终充满创造活力、不断打开创新局面。

——弘扬伟大长征精神，走好今天的长征路，必须建设同我国国际地位相称、同国家安全和发展利益相适应的巩固国防和强大军队，为维护国家安全和世界和平而矢志奋斗。长征胜利启示我们：人民军队是革命的依托、民族的希望，党对军队绝对领导是人民军队赢得胜利的根本保证。长征锻炼了人民军队，长征磨练了人民军队，长征成就了人民军队，长征开启了人民军队发展的新起点。长征是人民军队的光荣，光荣的人民军队必须永远继承红军长征的伟大精神和优良作风。

在新的长征路上，我们要坚持以党在新形势下的强军目标为引领，深入贯彻新形势下军事战略方针，努力建设世界一流军队。

强国必须强军，军强才能国安。要紧紧扭住政治建军不放松，坚持党对军队的绝对领导，永葆人民军队性质、宗旨、本色，永远做红军的传人，着力培养有灵魂、有本事、有血性、有品德的新一代革命军人，努力锻造具有铁一般信仰、铁一般信念、铁一般纪律、铁一般担当的过硬部队。要紧紧扭住改革强军不放松，坚定不移深化国防和军队改革，着力解决制约国防和军队建设的体制性障碍、结构性矛盾、政策性问题，深入推进军队组织形态现代化，加快构建中国特色现代军事力量体系。要紧紧扭住依法治军不放松，着力构建中国特色军事法治体系，推动实现治军方式的根本性转变，提高国防和军队建设法治化水平。要紧紧扭住备战打仗不放松，坚持战斗力这个唯一的根本标准，拓展和深化军事斗争准备，加强实战化军事训练，加快提升打赢信息化战争能力。要深入贯彻军民融合发展战略，更好把国防和军队建设融入国家经济社会发展体系，形成全要素、多领域、高效益的军民融合深度发展格局。要加强国防动员和后备力量建设，巩固和发展军政军民团结。要加强国际军事安全合作，积极履行同中国国际地位相适应的责任和义务，同世界各国一道共同应对全球性安全挑战，为维护世界和平作出更大贡献。全军要增强忧患意识、危机意识、使命意识，以只争朝夕的精神推进国防和军队现代化，担负起维护国家主权、安全、发展利益的重大责任。

　　——弘扬伟大长征精神，走好今天的长征路，必须加强党的领导，坚持全面从严治党，为推进党的建设新的伟大工程而矢志奋斗。长征胜利启示我们：党的领导是党和人民事业成功的根本保证。毛泽东同志指出："谁使长征胜利的呢？是共产党。没有共产党，这样的长征是不可能设想的。中国共产党，它的领导机关，它的干部，它的党员，是不怕任何艰难困苦的。"中国共产党的领导，是中国革命、建设、改革不断取得胜利最根本的保证，是中国特色社会主义最本质的特征，也是中国特色社会主义的最大优势，必须毫不动摇坚持和完善。

在新的长征路上，全党同志都要自觉坚持和维护党的领导，自觉站在党和人民立场上，对党忠诚、为党分忧、为党担责、为党尽责，竭尽全力完成党交给的职责和任务，通过全党共同努力，使我们党永远同人民在一起、永远走在时代前列。

"自知者英，自胜者雄。"民族复兴梦想越接近，改革开放任务越繁重，越要加强党的建设。安不忘危，才是生存发展之道。我们党面临的"四大考验"、"四种危险"是长期的、复杂的、严峻的。要坚持党中央集中统一领导，在各级党组织和广大党员、干部中强化政治意识、大局意识、核心意识、看齐意识，确保在思想上政治上行动上始终同党中央保持高度一致。要继续推进全面从严治党，牢牢把握加强党的执政能力建设和先进性建设这条主线，加强和规范新形势下党内政治生活，坚定不移推进党风廉政建设和反腐败斗争，不断增强党自我净化、自我完善、自我革新、自我提高能力，提高党的领导水平和执政水平、增强拒腐防变和抵御风险能力，确保党始终成为中国特色社会主义事业的坚强领导核心。

弘扬伟大长征精神，走好今天的长征路，是新的时代条件下我们面临的一个重大课题。伟大长征精神，是党和人民付出巨大代价、进行伟大斗争获得的宝贵精神财富，我们世世代代都要牢记伟大长征精神、学习伟大长征精神、弘扬伟大长征精神，使之成为我们党、我们国家、我们人民、我们军队、我们民族不断走向未来的强大精神动力。

同志们！

长征胜利八十年来，我们党团结带领全国各族人民，不断推进革命、建设、改革伟大事业，进行了一次又一次波澜壮阔的伟大长征，夺取了一个又一个举世瞩目的伟大胜利。

现在，我们比历史上任何时期都更接近中华民族伟大复兴的目标，比历史上任何时期都更有信心、有能力实现这个目标。我们这一代人，继承了前人的事业，进行着今天的奋斗，更要开辟明天的道路。

蓝图已绘就，奋进正当时。前进道路上，我们要大力弘扬伟大长征精神，激励和鼓舞全党全军全国各族人民特别是青年一代发愤图强、奋发有为，继续把革命前辈开创的伟大事业推向前进，在实现"两个一百年"奋斗目标、实现中华民族伟大复兴中国梦新的长征路上续写新的篇章、创造新的辉煌！

聚焦保障打赢，加快转型重塑，建设强大的现代化后勤[*]

（二〇一六年十一月九日）

习 近 平

建设强大的现代化后勤，要以党在新形势下的强军目标为引领，深入贯彻新形势下军事战略方针，坚持政治建军、改革强军、依法治军，聚焦保障打赢，加快转型重塑，为实现中国梦强军梦提供有力保障。

在长期革命、建设、改革实践中，我军后勤工作形成了一整套光荣传统和优良作风，主要是：坚持一切为了前线、一切为了胜利，坚持依靠国家、依靠人民，坚持服务部队、服务官兵，坚持艰苦奋斗、勤俭建军，坚持克己奉公、清正廉洁。这些光荣传统和优良作风弥足珍贵，要在新形势下发扬光大。

第一，着力建设一切为了打仗的后勤。一切为了前线、一切为了胜利，是后勤工作的出发点和落脚点。洪

---

[*] 这是习近平同志在中央军委后勤工作会议上讲话的一部分。

学智同志讲过，后勤工作如果做了九十九件事，战备这一件事没做好，就可能导致全盘皆输。后勤工作要坚持保障打仗的根本指向，把战斗力标准牢固树立起来，坚决纠正重生活轻战备、重平时轻战时的和平麻痹思想。各级党委和各级指挥员要高度重视后勤工作，按照打仗要求建后勤、用后勤。要扭住保障打仗不放松，抓紧研究破解制约后勤保障力提高的重点难点问题，不断提高后勤训练实战化水平。

"计熟事定，举必有功。"保障打仗，首先要把保障什么、怎么保障这个根本问题搞清楚。我反复强调要研究现代战争制胜机理，就包括现代战争后勤保障机理。要在战略筹划、顶层设计、理论研究上下功夫。

现在，世界大国军队都在加强后勤建设变革。我们要推进理论创新，加快构建具有时代特征和我军特色的后勤建设理论体系。

当今世界，能源、信息科技发展日益成为影响战争形态的重要因素，对军队后勤建设产生了深刻影响。要关注发展动态和前瞻作战需求，加快构建高技术后勤保障。

强大的投送能力是抢占制胜先机、赢得战争主动的先决条件。要加快投送力量、装备手段、交通基础设施建设步伐，努力实现投送能力全面跃升。

现代战争，对一线救治时效性要求越来越高，"白金十分钟""黄金一小时"成为战伤救治的重要法则。

目前，我国整个医疗卫生水平有了很大提高，但从现实情况看，我军作战部队卫勤力量急需加强，该充实的要充实，该编配的要编配。

后勤服务战斗力，说到底要服务部队官兵。我到部队调研都要抽空到基层连队的宿舍、食堂、哨所看一看，了解战士们衣食冷暖、生活急难，要求在标准下尽量把战士生活搞得好一些。同时，我们也必须清楚，我军要的是打仗后勤，而不是过日子后勤。要围绕打仗搞服务，既要保证战士吃好穿暖，也要锤炼战士顽强战斗、吃苦耐劳精神，防止"骄娇"二气。

第二，着力深化后勤改革。这次深化国防和军队改革，具体到后勤领域就是要重塑后勤体系，建设联合、精干、高效的后勤。我多次强调，联勤是大方向，必须坚定不移。九月十三日，我出席了中央军委联勤保障部队成立大会，向武汉联勤保障基地和五个联勤保障中心授军旗、致训词。许多同志说，上世纪五十年代，周恩来总理就提出三军联勤统供，现在终于成为现实，圆了几代后勤人的梦。要坚定后勤改革信心，保持韧劲，精确发力，精准落地，加快构建具有我军特色、符合现代军队建设规律的后勤组织模式、制度安排、运作方式。

发挥联勤保障体制优势，健全机制至关重要。要按照军委管总、战区主战、军种主建的总原则，厘清领导和指挥、平时和战时、通用和专用的职能界面，完善指挥协调、规划计划、供应保障、监督检查等工作机制，健全联勤保障体系与军兵种后勤体系、装备保障体系的协作关系，确保各项工作顺畅运行。要抓紧推进联勤保障部队融入联合作战体系。做好相关法规立改废释工作。

下一步，要展开军队规模结构和力量编成改革。后勤坛坛罐罐比较多，生活服务摊子大，作战保障短板弱项还不少，必须在"精"字上下功夫、在"优"字上做文章、在"强"字上见成效，优化力量结构布局，既强筋壮骨，又消肿瘦身。

推进后勤政策制度改革，要适应军队职能任务需求和国家政策制度创新。这方面改革要深入论证、科学配套、抓紧推进，让官兵有更多获得感。

第三，着力加强后勤科学管理。后勤三分供、七分管。管得好，投入和产出就成正比。管不好，非但没有效益，还会产生负效应。我军后勤建设要搞上去，必须来一场深刻的管理革命。

邓小平同志讲过："过去我们家当比较小，现在家当大了，怎么把整个后勤工作管好，也是个新问题"。这句话是一九七八年讲的，今天家当比当时不知大了多少倍。我们的家当管得怎么样呢？真是大有大的难处。

勤俭建军这一条，什么时候都不能丢。军费管不好，无法向党和人民交代！要强化财力资源集中统管，科学配置军费资源，实行经费用管分离，卡住经费支出末端，加强绩效管理，确保财力向战斗力有效转化。这两年推行的改进预算、公务卡结算、账户资金流量监控等做法，要坚持和完善。要加强军队资产统一调配使用，盘活管好存量资产。各级建设任务比较重，要逐步推开军事设施工程代建、区域统建。

管理要管得好，必须强化标准，强化标准就是法规、没有标准化就没有后勤现代化的理念。我们要完善科学标准体系，发挥标准在后勤保障中的主导、调节、约束、控制功能，做到按标准搞供应、依制度抓管理，提高后勤管理科学化、法治化、精细化水平。

着力把握军队规模结构和力量编成改革的总体要求和战略举措[*]

（二〇一六年十二月二日）

习　近　平

军队规模结构和力量编成改革的总体思路是：以党在新形势下的强军目标为引领，贯彻新形势下军事战略方针，坚持政治建军、改革强军、依法治军，聚焦备战打仗，着眼于维护国家主权、安全、发展利益，有效应对各战略方向和重大安全领域现实威胁，按照调整优化结构、发展新型力量、理顺重大比例关系、压减数量规模的要求，推动我军由数量规模型向质量效能型、由人力密集型向科技密集型转变，部队编成向充实、合成、多能、灵活方向发展，构建能够打赢信息化战争、有效履行使命任务的中国特色现代军事力量体系。

---

* 这是习近平同志在中央军委军队规模结构和力量编成改革工作会议上讲话的一部分。

军队规模结构和力量编成改革不是单纯的撤并降改，不是简单做加减法，也不是对某个领域的局部调整，而是坚持问题导向，注重构建新体制下联合作战力量体系，注重以结构功能优化牵引规模调整，注重通过重点突破带动整体推进。把握这项改革，首先要把这个管总的东西领会好。

第一，坚持减少数量、提高质量，优化兵力规模构成，打造精干高效的现代化常备军。新形势下，衡量一支军队强不强，要看规模，更要看质量。兵贵精不贵多。现在已经不是韩信用兵多多益善、单纯靠数量规模就能制胜的时代了。

这次改革对裁减军队员额三十万作了具体安排。我们国家块头大，国境线长，周边安全形势错综复杂，军事斗争和维稳任务很重，我军需要保持较大规模。同时，把我军员额减至二百万是可行的。

当然，压缩规模是外在的，关键是要练好内功。我军长期面临的一个突出问题，就是干部多，机关大，但战斗部队并不多，头重脚轻尾巴长。邓小平同志早在一九八〇年时就讲："这是我们军队的一种病态，很不好。"现在，这种状况并没有根本改变，官兵比例、机关和部队比例、作战部队和非战斗单位比例明显不够合理。干部本来就多，又扎堆在非战斗单位，不利于形成打仗的鲜明导向。兵本来就少，还超占兵员。就像一个人，脑袋很大，大腹便便，四肢很小，这样一种结构，体量再大也不顶用。

这次改革，总规模下来了，作战部队人员不减反增。这样的调整有利于增强战斗力。这就是要去掉脂肪、增加肌肉，让身体壮实起来。

增加文职人员，对压缩规模、提高质量很有好处。世界主要国家军队普遍重视使用文职人员，数量一般都在现役员额的一半以上。我军现有文职人员数量比较少，分类不够合理，相关制度也不是很成熟。当然，我们国情军情同他们不同，不能简单类比，但合理使用文职人员是一个趋势。我们决定建立统一的文职人员制度，扩大文职人员编配范围，文职人员数量将逐步增加。这不仅有利于把官兵从大量军民通用、不直接参与一线作战行动的岗位上解脱出来，集中精力提高军事职业素养，而且有利于延揽社会优秀人才为军队建设服务，可谓一举多得。

第二，坚持体系建设、一体运用，调整力量结构布局，打造以精锐作战力量为主体的联合作战力量体系。历史上常有这样的现象，作战双方兵力兵器差不多，但组合方式、运用方式、作战能力不同，有时候兵力少一些、兵器差一些但组合运用得好的军队，同样能战胜强敌。正如恩格斯说的那样："许多力量融合为一个总的力量，用马克思的话来说，就产生'新力量'，这种力量和它的单个力量的总和有本质的差别。"现代战争中，信息主导、体系对抗特征日益突出，基于网络信息体系的联合作战能力成为战斗力的基本形态。我们必须顺应这个大势，改变以注重要素、平台、单元建设为主的发展模式，强化体系建设思想，统筹传统和新型作战力量建设，统筹作战力量和作战支援保障力量建设，通过对体系结构整体再造促进战斗力跃升。

这次改革对军兵种结构作了较大调整。我军是在陆军基础上、在机械化战争条件下、在打大规模地面战争背景下发展起来的。开国大典时七十余个受阅方队，步兵方队四十余个，武器装备是"万国牌""骡马队"。这些年来，海军、空军、火箭军有了长足发展，但基本上还是"大陆军"、一头沉。陆军当然是要的，而且越有战斗力越好。同时，必须根据战略态势优化军兵种结构。这次调整改革后，将从根本上改变我军长期以来陆战型、国土防御型的力量结构，有利于更好支撑国家安全战略和军事战略的实现。

军兵种内部力量结构也要优化。这几年，我先后视察了陆军、空军、火箭军、战略支援部队机关，海军部队也到过不少。总的感觉，各军兵种数量规模不算小，也都有一些较强的力量手段，但内部结构还不是很科学。

能力就是一种威慑。任何事情，没有能力，人家就不会把你当回事！我军必须推动军兵种建设战略转型，从体制编制上为加快发展新型作战力量、提高战略能力提供足够的空间。

加快军兵种建设，提高我军整体作战能力，武器装备是重要物质技术基础。这次改革，我们加快武器装备更新换代步伐，力度是很大的。

优化力量布局是更高层次的结构塑造。这就好比下棋，棋子是一样的，布局不同，产生的能量天差地别。

第三，坚持需求牵引、创新驱动，改革作战部队编成，打造具备多种能力和广泛作战适应性的部队。编成直接影响部队战斗力提升和使命任务完成。马克思说："随着新作战工具即射击火器的发明，军队的整个内部组织就必然改变了，各个人借以组成军队并能作为军队行动的那些关系就改变了，各个军队相互间的关系也发生了变化。"这充分说明了技术进步对部队编成的影响是很大的。我们要坚持以技术发展驱动编成创新，依据不同战略方向安全需求和作战任务，把部队编成搞得更加科学。

信息化战争条件下，模块化编组、积木式组合、任务式联合是世界主要国家军队编成调整的大方向，以往重兵集团编组模式越来越不适应形势发展。

这次，陆军集团军改革幅度比较大。上世纪八十年代中期，我们调整组建陆军集团军，加大集团军所属装甲兵、炮兵、工程兵比例，有的集团军还增加了陆军航空兵等兵种要素。这在当时是一场革命性调整，显著提高了部队独立作战能力。现在，集团军编组要素不断增加，结构功能逐步完善，但编成还不够充实。综合考虑各方面因素，我们决定压减集团军军部数量。

我军历史上，部队番号和序列曾进行过多次调整。

陆军从最多时六十五个军部到现在十八个集团军经历了多次变动。这些变动都是形势发展、党和军队事业发展需要，并不会因此否定哪个部队的功劳和荣誉。各部队的光荣传统是我党我军光荣传统的一部分，都要继承和发扬好。集团军的光荣传统和荣誉主要集中在师旅团以下部队，这些部队保留着，红色基因传承就断不了。重新授予集团军番号，能够更好体现这次改革重塑力量体系的要求。对这个问题，要认识清楚。

现在部队编成同形势任务要求不适应的问题比较突出。比如，各战略方向作战任务和作战环境各异，部队需要在水网稻田、戈壁沙漠、高原高寒、山岳丛林、远洋近海等不同地形和环境下作战，对人员编制、装备编配、建制单位编组的要求都是不一样的。但是，有些部队编成还不够合理，甚至同实战脱节。一句话，部队编成调整必须顶用管用，有利于完成任务。

这次改革，省军区系统调整幅度比较大。这样调整，有利于减少指挥层级，进一步理顺领导指挥关系，便于统筹推进陆军机动作战部队和边海防部队建设、构建完整的边境防卫体系，也便于省军区更好履行面向三军职能。同时，为了统筹军地资源优势、形成更好的服务保障体系，这次决定把老干部服务保障职能交由省军区负责。老干部是党和军队的宝贵财富，要满腔热忱做好服务，做到服务保障力度不降、标准不降、质量不降，让他们没有后顾之忧。

新中国成立以来，我军先后进行十六次院校改革。这次改革，主要是调整军队院校结构布局，优化军事教育资源配置，改革院校教学体系和培养模式。随着形势任务变化，院校进行调整是必要的，但调整过于频繁也容易导致办学水平难以持续提升、人才培养质量难以得到保证等问题。世界上的一些名校都是经过上百年甚至数百年的积累发展起来的。调整后，院校规模和布局在一段时间内要稳定下来，推动院校真正走上内涵式发展道路，提高办学水平和人才培养质量。军队文艺团体也要进行改革，调整后军队专职文艺团体要当好面向基层、服务官兵的文艺"轻骑队"，发挥好文艺鼓舞军心士气的作用。

总之，军队规模结构和力量编成改革是对我军力量体系的一次整体性重塑，需要立足全局、着眼体系、着眼长远，从战略上作出顶层设计。我们要从这样的角度来看待这项改革。

关于军委坚持主席负责制[*]

（二〇一七年二月四日）

习 近 平

党的十八届六中全会正式提出"以习近平同志为核心的党中央"，大家谈了对这个问题的认识，是发自肺腑的，是对我的信任和支持。我在中央政治局民主生活会上讲，党中央的核心、全党的核心，对我来说就是责任，我要用毕生精力和全部生命来回报党和人民的信任，鞠躬尽瘁、死而后已，赴汤蹈火、万死不辞。

我说过，核心并不意味着无限权力、任性决策。对此，我始终是头脑清醒、态度如一的。我在军委第一次常务会议上就讲，一定要时刻以党和人民为念，以国家主权、安全、领土完整为念，以国防和军队建设为念，夙夜在公，恪尽职守，全力做好工作，决不辜负党和人民重托，决不辜负全军广大官兵期望。我将同军委的同志一道，依靠全军官兵，不断把军队建设推向前进。

关于军委坚持主席负责制，党的十八大之后有一个

---

* 这是习近平同志在中央军委民主生活会上讲话的一部分。

过程。当时，军委修订工作规则，就提出了要不要写主席负责制的问题。有的同志考虑，虽然宪法中写了军委实行主席负责制，但军委工作规则长期没有明确写过，提出来要不要写的问题。这个问题反映到我那儿以后，我深入考虑后，明确表示必须写上。后来，军委工作规则明确写上了主席负责制，并建立了请示报告、督促检查、信息服务三项工作机制，推动主席负责制各项要求机制化运行。

我们党的制度是党的领袖担任中央军委主席，就是为了确保实现党对军队绝对领导。对这项制度的极端重要性，我们要从党、国家和军队兴旺发达、长治久安的高度来认识。这样做，就是为了吸取教训、亡羊补牢，就是为了我军长远发展着想，防止再出野心家、阴谋家，防止我军建设再次遭受重大损失。

"国家大柄，莫重于兵。"我们党历来强调坚持党对军队绝对领导。毛主席讲："谁想夺取国家政权，并想保持它，谁就应有强大的军队。""共产党员不争个人的兵权，但要争党的兵权，要争人民的兵权。"我们党通过革命战争夺取了政权，巩固政权也要充分发挥我军作用。如果不把军队牢牢掌握在党的手中，搞得兵散将离，最后的结果必然是国家四分五裂、人民生灵涂炭。

上个世纪初期，我国长期陷入军阀混战，各路军阀你方唱罢我登场，后来蒋介石虽然名义上把各路军队拢起来了，但国民党军队始终山头林立、各怀鬼胎，这样的军队怎么可能打胜仗！张国焘当年搞分裂党、分裂红军的阴谋活动，仰仗的是他一时人强马壮，争的也是军权，后来党中央从团结的大局出发，让张国焘取代周恩来同志出任红军总政委，进而他就成立了所谓"党中央"，宣布开除毛主席、周恩来等人的党籍，还给党中央发电，说他已经以中共中央、中央军委等名义对外发表文件，要求党中央"不得冒用党中央名义"。苏联解体，东欧剧变，西亚北非政局动荡，一个十分重要的原因就是危急关头军队袖手旁观甚至倒戈。

主席负责制解决的是我军最高领导权和指挥权问题。早在井冈山时期，我们党就建立了党对军队绝对领导的原则和制度。遵义会议确立了毛主席在红军和党中央的领导地位，后来成立"三人军事指挥小组"、"五人团"，由毛主席负责领导军事工作，保证了红军转危为安。"文化大革命"中，林彪策划武装政变，"四人帮"想插手军队，都没有得逞，就是因为全军听毛主席的话。一九八九年春夏之交的政治风波很快被平息，一个重要原因是我军牢牢掌握在党的手中。邓小平同志说，这次过的是真正的政治关、生死关，不容易呀！江泽民同志后来讲，只要三百万军队听党指挥，我们就能顶天立地，任凭风浪起，稳坐钓鱼船。胡锦涛同志也讲过，对坚持党对军队的绝对领导这个我军建设和发展的首要问题，要始终关注、抓住不放，任何时候任何情况下都不能有丝毫含糊和动摇。

　　主席负责制，就是军委主席对我军重大问题最后拍板、一锤定音。邓小平同志讲："我们主张巩固集体领导，这并不是为了降低个人的作用，相反，个人的作用，只有通过集体，才能得到正确的发挥，而集体领导，也必须同个人负责相结合。没有个人分工负责，我们就不可能进行任何复杂的工作，就将陷入无人负责的灾难中。在任何一个组织中，不仅需要分工负责，而且需要有人负总责。没有小组长，一个小组也不能行动，这难道不是人所共知的常识吗？"主席负责制，这个"责"不是一般的"责"，而是如山之责！党把军队交到我手中，我就要真正负好责、带好队伍，否则就无法向党和人民交代。

　　当然，实行主席负责制，不是说什么事我想怎么干就怎么干。我历来认为，做好军委工作要发挥集体智慧和力量。我任军委主席以来，始终如履薄冰、慎之又慎，对一些重大问题反复思考研究，注重听取大家意见和建议。大家要正确处理集中统一领导和分工负责的关系，增强工作主动性和责任感，敢抓敢管、敢作敢为，放开手脚干，把该担的责担起来，把该抓的事抓到位。

　　这几年，军委在贯彻主席负责制方面下了很大功夫，抓得是有力的，但也还有一些问题需要研究解决。有的同志对这项制度知之不多、知之不深，存在简单化、片面化理解的现象，认识还没有完全到位。有的同志对新规矩新程序不学习不掌握，贯彻落实自觉性和主动性不高。还有的同志只抓下面不抓自身，没有做到从自身做起。贯彻主席负责制，全军头脑要特别清醒、行动要特别自觉，可不能犯糊涂。

贯彻主席负责制，重大问题要请示报告。请示报告不是看报了多少，关键看反映的是不是重大问题、是不是真实情况。党中央一九四八年就建立了报告制度，目的是"为了及时反映情况，使中央有可能在事先或事后帮助各地不犯或少犯错误"，减少那些"不可挽救的、或难以挽救的、或能够挽救但已受了损失的事情"。军委的同志，战区、军种和军委机关的主要领导，都要自觉坚持重大问题报告制度。

什么是重大问题？有的看着事情不大，但可能处理不好影响很大、后果很严重，那也要报告。这就要看政治水平了。自己觉得不重要，实际上很重要；自己觉得很重要，实际上不那么重要，那就是政治水平不高、不够了。报告一定要如实报告，不能层层过滤，不能报喜藏忧。这要作为一条纪律，谁违反了就要追责。部队里欺上瞒下的事情还不少，这个风气决不能起来。在我们共产党领导的军队中，可不能搞"父为子隐、子为父隐"那一套，搞那一套后患无穷！

现在，军队建设、改革和军事斗争准备任务很重，国内外形势十分复杂，对军委决策提出了很高要求。对一些战略性、全局性重大问题，大家要深入思考、科学论证，提出的意见和建议要经得起历史和实践检验。军委工作千头万绪，要统筹抓好，但不能陷入事务主义，要想大事、议大事、抓大事。党中央将部署开展重大课题集中调查研究，军委要做好调查研究组织工作。

在庆祝中国人民解放军建军九十周年阅兵时的讲话

（二〇一七年七月三十日）

习　近　平

同志们：

今天，我们在这里举行隆重的沙场阅兵，以庆祝中国人民解放军建军九十周年。

九十年前，南昌城头一声枪响，宣告中国诞生了中国共产党领导的新型人民军队。九十年来，人民军队高举着党的旗帜，脚踏着祖国的大地，背负着民族的希望，浴血奋战，勇往直前，战胜一切敌人，征服一切困难，为中国人民站起来、富起来、强起来建立了不朽的功勋！

历史充分证明：我们的人民军队不愧是听党指挥的英雄军队，不愧是忠心报国的英雄军队，不愧是为中华民族伟大复兴英勇奋斗的英雄军队。我们党为拥有这样的英雄军队感到骄傲和自豪！全国各族人民为拥有这样的英雄军队感到骄傲和自豪！

安享和平是人民之福，保卫和平是人民军队之责。

天下并不太平，和平需要保卫。今天，我们比历史上任何时期都更接近中华民族伟大复兴的目标，比历史上任何时期都更需要建设一支强大的人民军队。我们要深入贯彻党的强军思想，坚定不移走中国特色强军之路，努力实现党在新形势下的强军目标，把我们这支英雄的人民军队建设成为世界一流军队。

全军将士们！你们要坚定不移坚持党对军队绝对领导的根本原则和制度，永远听党的话、跟党走，党指向哪里、就打到哪里。

全军将士们！你们要坚定不移坚持全心全意为人民服务的根本宗旨，始终同人民站在一起，时刻把人民放在心头，永远做人民子弟兵。

全军将士们！你们要坚定不移坚持战斗力这个唯一的根本的标准，聚焦备战打仗，锻造召之即来、来之能战、战之必胜的精兵劲旅。

全军将士们！你们要坚定不移坚持政治建军、改革强军、科技兴军、依法治军，全面提高国防和军队现代化建设水平。

我坚信，我们的英雄军队有信心、有能力打败一切来犯之敌！我们的英雄军队有信心、有能力维护国家主权、安全、发展利益！我们的英雄军队有信心、有能力谱写强军事业新篇章，为实现"两个一百年"奋斗目标、为实现中华民族伟大复兴的中国梦、为维护世界和平作出新的更大的贡献！

在庆祝中国人民解放军建军
九十周年大会上的讲话

（二〇一七年八月一日）

习　近　平

同志们，朋友们：

今天，我们在这里隆重集会，庆祝中国人民解放军建军九十周年，回顾在中国共产党领导下人民军队的光辉历程，展望国防和军队现代化建设的光明前景，动员全党全军全国各族人民继续奋斗，汇聚起强国强军的磅礴力量，共同为实现"两个一百年"奋斗目标、实现中华民族伟大复兴的中国梦而不懈奋斗。

同志们、朋友们！

九十年前，我国处在半殖民地半封建社会，中华民族处在积贫积弱、内忧外患的苦难深渊，中国人民处在饥寒交迫、民不聊生的悲惨境地。为民族独立和人民解放，为推翻帝国主义、封建主义、官僚资本主义三座大山，中国共产党和中国人民进行着不屈不挠、艰苦卓绝的斗争。

然而，正当大革命如火如荼的时候，国民党反动派背叛革命、背叛人民，向中国共产党人和革命群众举起了血腥的屠刀。一时间，神州大地笼罩在腥风血雨之中，中国共产党面临被赶尽杀绝的严重危险，中国革命处于命悬一线的紧要关头。在严酷的斗争和血的教训中，我们党深刻认识到，没有革命的武装就无法战胜武装的反革命，就无法担起领导中国革命的重任，就无法夺取中国革命的胜利，就无法改变中国人民和中华民族的命运。

一九二七年八月一日，南昌城头一声枪响，拉开了我们党武装反抗国民党反动派的大幕。这是中国共产党历史上的一个伟大事件，是中国革命史上的一个伟大事件，也是中华民族发展史上的一个伟大事件。

南昌城头的枪声，像划破夜空的一道闪电，使中国人民在黑暗中看到了革命的希望，在逆境中看到了奋起的力量。南昌起义连同秋收起义、广州起义以及其他许多地区的武装起义，标志着中国共产党独立领导革命战争、创建人民军队的开端，开启了中国革命新纪元。

自那时起，中国共产党领导下的人民军队，就英勇投身为中国人民求解放、求幸福，为中华民族谋独立、谋复兴的历史洪流，同中国人民和中华民族的命运紧紧连在了一起。

九十年来，人民军队历经硝烟战火，一路披荆斩棘，付出巨大牺牲，取得一个又一个辉煌胜利，为党和人民建立了伟大的历史功勋。

——这个伟大的历史功勋就是，英雄的人民军队，在党领导的二十二年武装革命斗争中，以无往不胜的英雄气概、坚韧不拔的革命毅力、灵活机动的战略战术、英勇顽强的战斗作风，克服了各种难以想象的艰难困苦，打败了国内外异常凶恶的敌人，夺取了土地革命战争、抗日战争、解放战争的伟大胜利，推翻了压在中国人民头上的三座大山，以鲜血和生命为建立人民当家作主的新中国奠定了牢固根基，彻底扭转了中华民族近代以来落后挨打的被动局面。

——这个伟大的历史功勋就是，英雄的人民军队，积极投身社会主义革命和建设，全面履行保卫祖国、保卫人民和平劳动的职能，胜利进行抗美援朝战争和多次边境自卫作战，打出了国威军威，捍卫了祖国万里边疆和辽阔海空，为巩固新生人民政权、形成中国大国地位、维护中华民族尊严提供了坚强后盾。

——这个伟大的历史功勋就是，英雄的人民军队，积极投身改革开放新的伟大革命，有力服务和保障国家改革发展稳定大局，依法履行香港、澳门防务职责，有效应对国家安全面临的各种威胁，坚决打击一切形式的分裂破坏活动，积极参与对外军事交流合作和联合国维和行动，为维护中国共产党领导和我国社会主义制度，为维护国家主权、安全、发展利益，为维护我国发展的重要战略机遇期，为维护地区和世界和平提供了强大力量支撑。

人民军队一路走来，紧跟党和人民事业发展步伐，在战斗中成长，在继承中创新，在建设中发展，革命化现代化正规化水平不断提高，威慑和实战能力不断增强。人民军队已经由过去单一军种的军队发展成为诸军兵种联合的强大军队，由过去"小米加步枪"武装起来的军队发展成为基本实现机械化、加快迈向信息化的强大军队。

同志们、朋友们！

九十年来，我们的国家、我们的民族历经挫折而奋起、历经苦难而辉煌，发生了前所未有的历史巨变，实现了从站起来到富起来、强起来的伟大飞跃。这是中国共产党坚强领导的胜利，是中国人民不懈奋斗的胜利，也是人民军队英勇奋战的胜利。

在这个光荣而庄严的时刻，我们深切怀念创建和培育了人民军队的毛泽东、周恩来、刘少奇、朱德、邓小平同志和彭德怀、刘伯承、贺龙、陈毅、罗荣桓、徐向前、聂荣臻、叶剑英同志等老一辈革命家和军事家。他们的丰功伟绩，永远镌刻在中华民族史册上！

在这个光荣而庄严的时刻，我们深切缅怀为中国人民解放事业和社会主义建设事业而英勇献身的人民军队革命烈士们。他们的牺牲奉献，永远铭记在中国人民心中！

在这里，我代表党中央、国务院和中央军委，向战斗在保卫祖国、建设祖国各个岗位上的人民解放军指战员、武警部队官兵、预备役军人和广大民兵，致以节日的祝贺！向为中国革命、建设、改革事业作出重大贡献的人民军队离退休老同志，表示诚挚的问候！向在各个时期为人民军队建设作出贡献的转业退伍军人、革命伤残军人和烈军属，表示诚挚的慰问！向在国防科技工业战线顽强拼搏的科学家、工程技术人员和广大干部职工，致以衷心的感谢！向长期以来关心和支持人民解放军建设的全国各族人民，致以崇高的敬意！

同志们、朋友们！

九十年来，在长期实践中，人民军队在党的旗帜下前进，形成了一整套建军治军原则，发展了人民战争的战略战术，培育了特有的光荣传统和优良作风。这是人民军队从胜利走向胜利的传家法宝，是人民军队必须永志不忘的红色血脉。

——人民军队从胜利走向胜利，彰显了中国共产党领导的伟大力量。毛泽东同志曾经指出："我们的原则是党指挥枪，而决不容许枪指挥党。"党对军队绝对领导的根本原则和制度，发端于南昌起义，奠基于三湾改编，定型于古田会议，是人民军队完全区别于一切旧军队的政治特质和根本优势。千千万万革命将士矢志不渝听党话、跟党走，在挫折中愈加奋起，在困苦中勇往直前，铸就了拖不垮、打不烂、攻无不克、战无不胜的钢铁雄师。在风雨如磐的漫长革命道路上，我军将士讲得最多的一句话是：只要跟党走，一定能胜利。忠诚，造就了人民军队对党的赤胆忠心，造就了人民军队和人民的鱼水情意，造就了人民军队为党和人民冲锋陷阵的坚定意志。

历史告诉我们，党指挥枪是保持人民军队本质和宗旨的根本保障，这是我们党在血与火的斗争中得出的颠扑不破的真理。有了中国共产党，有了中国共产党的坚强领导，人民军队前进就有方向、有力量。前进道路上，人民军队必须牢牢坚持党对军队的绝对领导，把这一条当作人民军队永远不能变的军魂、永远不能丢的命根子，任何时候任何情况下都以党的旗帜为旗帜、以党的方向为方向、以党的意志为意志。

——人民军队从胜利走向胜利，彰显了理想信念的伟大力量。崇高的理想，坚定的信念，是中国共产党人的政治灵魂，是人民军队的精神支柱。邓小平同志曾经指出："为什么我们过去能在非常困难的情况下奋斗出来，战胜千难万险使革命胜利呢？就是因为我们有理想，有马克思主义信念，有共产主义信念。"从艰苦卓绝的井冈山斗争到千难万险的长征路，从硝烟弥漫的抗日战争到摧枯拉朽的解放战争，从坚决捍卫国家主权、安全、领土完整的英勇斗争到抢险救灾、保卫人民生命财产安全的顽强拼搏，从支援国家经济社会建设的无私奉献到维护地区和世界和平的实际行动，崇高理想信念的灯塔指引人民军队一路向前。

历史告诉我们，革命理想高于天，人民军队之所以能够攻坚克难、战无不胜、发展壮大，关键是人民军队有马克思主义理论武装，有崇高理想信念，有为理想信念而英勇献身的崇高追求。崇高理想信念是人民军队勇往直前的精神力量，是全军将士心中熊熊燃烧的火炬。前进道路上，人民军队必须矢志不渝坚持崇高理想信念，任何时候任何情况下都敢于为崇高理想信念而奋不顾身奋斗。

——人民军队从胜利走向胜利，彰显了改革创新的伟大力量。人民军队成长发展史，就是一部改革创新史。土地革命战争时期创立一整套建军原则制度，抗日战争时期实行精兵简政，解放战争时期组建五大野战军，新中国成立后多次调整体制编制，人民军队边战边改，边建边改，愈改愈强。从红军时期的"十六字诀"，到抗日战争时期的"持久战"，从解放战争时期的"十大军事原则"，到抗美援朝战争时期的"零敲牛皮糖"，再到新中国成立后军事战略方针的不断调整，人民军队从战争中学习战争，从实践中探索规律，在世界军事史上书写了战争指导艺术不断创新的生动篇章。

历史告诉我们，改革创新、与时俱进，是人民军队不断发展的康庄大道，人民军队的力量来自改革创新，人民军队的胜利来自改革创新。只有不断改革创新，才能不断获得发展进步的生机活力，才能永远立于不败之地。前进道路上，人民军队必须勇于改革、善于创新，任何时候任何情况下都永不僵化、永不停滞。

　　——人民军队从胜利走向胜利，彰显了战斗精神的伟大力量。敢于斗争、敢于胜利，一不怕苦、二不怕死，是人民军队血性胆魄的生动写照。"狼牙山五壮士"、"白刃格斗英雄连"、"刘老庄连"、董存瑞、邱少云、黄继光等无数英雄群体和革命先烈，用生命诠释了一往无前的英雄气概。在枪林弹雨的战场上，面对气焰嚣张的强大敌人，人民军队曾经发出了"三个不相信"的英雄宣言：在革命战士面前，不相信有完不成的任务，不相信有克服不了的困难，不相信有战胜不了的敌人！英勇顽强，视死如归，血战到底，人民军队用大无畏的气概赢得了党的信任、人民赞誉，也赢得了世界尊敬。

　　历史告诉我们，战争不仅是物质的较量，更是精神的比拼。没有顽强的意志，没有敢于牺牲的品质，再好的武器装备也不能保证胜利。一代一代革命军人正是靠着向死而生的英勇决绝，形成了压倒一切敌人而决不被敌人所屈服的伟大气概。前进道路上，人民军队必须大力弘扬敢打必胜的精神品质，任何时候任何情况下都保持革命英雄主义的昂扬斗志。

　　——人民军队从胜利走向胜利，彰显了革命纪律的伟大力量。人民军队素以纪律严明著称于世，自创建之日起就把革命的坚定性、政治的自觉性、纪律的严肃性结合起来，统一意志、统一指挥、统一行动，千军万马有令必行、有禁必止，攻如猛虎、守如泰山。正是由于有了建立在高度政治觉悟基础上的革命纪律，将士们哪怕冻饿交加，也不拿群众一针一线；哪怕烈火焚身，也岿然不动，直至付出生命；哪怕身陷绝境，也坚守战位，慷慨赴死。人民军队始终是高度团结统一的战斗集体，始终保持了强大的凝聚力和战斗力。

历史告诉我们，加强纪律性，革命无不胜。一支军队的力量，不仅要看其人数，不仅要看其武器装备，还要看其纪律性。一支没有纪律的军队，只能是乌合之众。前进道路上，人民军队必须用铁的纪律凝聚铁的意志、锤炼铁的作风、锻造铁的队伍，任何时候任何情况下都一切行动听指挥、步调一致向前进。

——人民军队从胜利走向胜利，彰显了军民团结的伟大力量。人民军队始终和人民同呼吸、共命运、心连心，完全彻底为人民奋斗，哪里有敌人，哪里有危难，哪里就有人民子弟兵。谁把人民放在心上，人民就把谁放在心上。"最后一碗米送去做军粮，最后一尺布送去做军装，最后一件老棉袄盖在担架上，最后一个亲骨肉送去上战场"。这首战争年代广为传唱的民谣，就是军民团结如一人的生动体现。

历史告诉我们，有了民心所向、民意所归、民力所聚，人民军队就能无往而不胜、无敌于天下。只要始终站在人民立场上，赢得最广大人民衷心拥护，就能构筑起众志成城的铜墙铁壁。前进道路上，人民军队必须牢记全心全意为人民服务的根本宗旨，任何时候任何情况下都做人民子弟兵。

同志们、朋友们！

人民军队的历史辉煌，是鲜血生命铸就的，永远值得我们铭记。人民军队的历史经验，是艰辛探索得来的，永远需要我们弘扬。人民军队的历史发展，是忠诚担当推动的，永远激励我们向前。

党的十八大以来，我们着眼于实现"两个一百年"奋斗目标、实现中华民族伟大复兴的中国梦，提出建设一支听党指挥、能打胜仗、作风优良的人民军队这一党在新形势下的强军目标，与时俱进创新军事战略指导，制定新形势下军事战略方针。我们在古田召开全军政治工作会议，大力加强政治建军，坚定不移开展党风廉政建设和反腐败斗争。我们推进全面深化国防和军队改革，建立军委管总、战区主战、军种主建的新格局，实现了人民军队组织形态的整体性重塑，迈出了构建中国特色军事力量体系的历史性步伐，人民军队体制一新、结构一新、格局一新、面貌一新。我们坚持依法治军、从严治军，推进治军方式根本性转变。我们坚持战斗力这个唯一的根本的标准，深入推进练兵备战，坚决捍卫国家领土主权和海洋权益。我们深入贯彻新发展理念，更加注重聚焦实战，更加注重创新驱动，更加注重体系建设，更加注重集约高效，更加注重军民融合，不断提高人民军队建设质量和效益。

经过五年努力，人民军队实现了政治生态重塑、组织形态重塑、力量体系重塑、作风形象重塑，人民军队重整行装再出发，在中国特色强军之路上迈出了坚实步伐。

同志们、朋友们！

历史车轮滚滚向前。今天的世界，国际形势正发生前所未有之大变局；今天的中国，中国特色社会主义正全面向前推进。实现中华民族伟大复兴的中国梦，我们面临难得机遇，具备坚实基础，拥有无比信心。同时，我们必须清醒看到，前进道路从来不会是一片坦途，必然会面对各种重大挑战、重大风险、重大阻力、重大矛盾，必须进行具有许多新的历史特点的伟大斗争。

站在新的历史起点上，我们更加深切地感受到，中华民族走出苦难、中国人民实现解放，有赖于一支英雄的人民军队；中华民族实现伟大复兴，中国人民实现更加美好生活，必须加快把人民军队建设成为世界一流军队。我们要不忘初心、继续前进，坚定不移走中国特色强军之路，把强军事业不断推向前进。

——推进强军事业，必须毫不动摇坚持党对军队的绝对领导，确保人民军队永远跟党走。党的领导，是人民军队始终保持强大的凝聚力、向心力、创造力、战斗力的根本保证。党对军队的绝对领导是中国特色社会主义的本质特征，是党和国家的重要政治优势，是人民军队的建军之本、强军之魂。无论时代如何发展、形势如何变化，我们这支军队永远是党的军队、人民的军队。全军要强化政治意识、大局意识、核心意识、看齐意识，坚决维护党中央权威，坚决贯彻党对军队绝对领导的根本原则和制度，坚决听从党中央和中央军委指挥。在这个重大原则问题上，头脑要特别清醒，态度要特别鲜明，行动要特别坚决，不能有任何动摇、任何迟疑、任何含糊。

——推进强军事业，必须坚持和发展党的军事指导理论，不断开拓马克思主义军事理论和当代中国军事实践发展新境界。人民军队之所以不断发展壮大，关键在于始终坚持先进军事理论的指导。党的十八大以来，我们党围绕国防和军队建设提出一系列新思想新观点新论断新要求，形成了党在新时期的强军思想。全军要认真贯彻党的军事指导理论，坚持用党在新时期的强军思想武装官兵，引领强军事业不断取得新进步。实践发展永无止境，认识真理永无止境，理论创新永无止境。强军是具有很强开创性的事业，我们要不断适应新形势、应对新挑战、解决新问题，在实践上大胆探索，在理论上勇于突破，不断丰富和发展党在新时期的强军思想，让马克思主义军事理论在强军伟大实践中放射出更加灿烂的真理光芒。

——推进强军事业，必须始终聚焦备战打仗，锻造召之即来、来之能战、战之必胜的精兵劲旅。安不可以忘危，治不可以忘乱。我们捍卫和平、维护安全、慑止战争的手段和选择有多种多样，但军事手段始终是保底手段。人民军队永远是战斗队，人民军队的生命力在于战斗力，必须强化忧患意识，坚持底线思维，全部心思向打仗聚焦，各项工作向打仗用劲，确保在党和人民需要的时候拉得出、上得去、打得赢。全军要贯彻新形势下军事战略方针，认真研究军事、研究战争、研究打仗，把握现代战争规律和战争指导规律，扎扎实实做好军事斗争准备各项工作。要坚持仗怎么打兵就怎么练，打仗需要什么就苦练什么，什么问题突出就解决什么问题，全面提高军事训练实战化水平。中国人民珍爱和平，我们决不搞侵略扩张，但我们有战胜一切侵略的信心。我们绝不允许任何人、任何组织、任何政党、在任何时候、以任何形式、把任何一块中国领土从中国分裂出去，谁都不要指望我们会吞下损害我国主权、安全、发展利益的苦果。人民军队要坚决维护中国共产党领导和我国社会主义制度，坚决维护国家主权、安全、发展利益，坚决维护地区和世界和平。

——推进强军事业，必须坚持政治建军、改革强军、科技兴军、依法治军，全面提高国防和军队现代化水平。要深入贯彻古田全军政治工作会议精神，发挥政治工作生命线作用，培养有灵魂、有本事、有血性、有品德的新一代革命军人，锻造铁一般信仰、铁一般信念、铁一般纪律、铁一般担当的过硬部队，永葆人民军队性质、宗旨、本色。全军要坚定不移深化国防和军队改革，深入解决制约国防和军队建设的体制性障碍、结构性矛盾、政策性问题，完善和发展中国特色社会主义军事制度，加快构建能够打赢信息化战争、有效履行使命任务的中国特色现代军事力量体系。要全面实施科技兴军战略，坚持自主创新的战略基点，瞄准世界军事科技前沿，加强前瞻谋划设计，加快战略性、前沿性、颠覆性技术发展，不断提高科技创新对人民军队建设和战斗力发展的贡献率。要增强全军法治意识，加快构建中国特色军事法治体系，加快实现治军方式根本性转变。

——推进强军事业，必须深入推进军民融合发展，构建军民一体化的国家战略体系和能力。把军民融合发展上升为国家战略，是我们党长期探索经济建设和国防建设协调发展规律的重大成果，是从国家发展和安全全局出发作出的重大决策，是应对复杂安全威胁、赢得国家战略优势的重大举措。要强化顶层设计，加强需求整合，统筹增量存量，同步推进体制和机制改革、体系和要素融合、制度和标准建设，加快形成全要素、多领域、高效益的军民融合深度发展格局，努力开创经济建设和国防建设协调发展、平衡发展、兼容发展新局面。我们的国防是全民的国防，推进国防和军队现代化是全党全国人民的共同事业。中央和国家机关、地方各级党委和政府要强化国防意识，满腔热忱支持国防和军队建设改革，为强军创造良好条件、提供有力支撑。

——推进强军事业，必须坚持全心全意为人民服务的根本宗旨，始终做人民信赖、人民拥护、人民热爱的子弟兵。军队打胜仗，人民是靠山。人民军队的根脉，深扎在人民的深厚大地；人民战争的伟力，来源于人民的伟大力量。全军要坚持把人民放在心中，牢记为人民扛枪、为人民打仗的神圣职责，坚决保卫人民和平劳动和生活。要发扬密切联系群众的优良传统，保持同人民群众水乳交融、生死与共的关系，永远做人民利益的捍卫者。要积极参加和支援地方经济社会建设，勇于承担急难险重任务，以实际行动为人民造福兴利。军政军民团结是我党我军特有的政治优势。全党全军全国各族人民要大力弘扬军爱民、民拥军的光荣传统，不断发展坚如磐石的军政军民关系。

同志们、朋友们！

中国始终是世界和平的建设者、全球发展的贡献者、国际秩序的维护者，中国军队始终是维护世界和平的坚定力量。中国军队将一如既往开展国际军事交流合作，共同应对全球性安全挑战，积极履行同中国国际地位相称的责任和义务，为推动构建人类命运共同体积极贡献力量。

同志们、朋友们！

九十年艰辛探索，九十年不懈奋斗，我们的事业是伟大的，我们的任务是艰巨的，我们的发展前景是无比光明的。全党全军全国各族人民一定要团结一心向前进，在中国特色社会主义伟大实践中，不断书写强国强军更为辉煌的篇章，不断创造无愧于历史和时代的新的光辉业绩！

坚持走中国特色强军之路，全面推进国防和军队现代化[*]

（二〇一七年十月十八日）

习 近 平

国防和军队建设正站在新的历史起点上。面对国家安全环境的深刻变化，面对强国强军的时代要求，必须全面贯彻新时代党的强军思想，贯彻新形势下军事战略方针，建设强大的现代化陆军、海军、空军、火箭军和战略支援部队，打造坚强高效的战区联合作战指挥机构，构建中国特色现代作战体系，担当起党和人民赋予的新时代使命任务。

适应世界新军事革命发展趋势和国家安全需求，提高建设质量和效益，确保到二〇二〇年基本实现机械化，信息化建设取得重大进展，战略能力有大的提升。同国家现代化进程相一致，全面推进军事理论现代化、

---

* 这是习近平同志在中国共产党第十九次全国代表大会上的报告《决胜全面建成小康社会，夺取新时代中国特色社会主义伟大胜利》的一部分。

军队组织形态现代化、军事人员现代化、武器装备现代化，力争到二〇三五年基本实现国防和军队现代化，到本世纪中叶把人民军队全面建成世界一流军队。

加强军队党的建设，开展"传承红色基因、担当强军重任"主题教育，推进军人荣誉体系建设，培养有灵魂、有本事、有血性、有品德的新时代革命军人，永葆人民军队性质、宗旨、本色。继续深化国防和军队改革，深化军官职业化制度、文职人员制度、兵役制度等重大政策制度改革，推进军事管理革命，完善和发展中国特色社会主义军事制度。树立科技是核心战斗力的思想，推进重大技术创新、自主创新，加强军事人才培养体系建设，建设创新型人民军队。全面从严治军，推动治军方式根本性转变，提高国防和军队建设法治化水平。

军队是要准备打仗的，一切工作都必须坚持战斗力标准，向能打仗、打胜仗聚焦。扎实做好各战略方向军事斗争准备，统筹推进传统安全领域和新型安全领域军事斗争准备，发展新型作战力量和保障力量，开展实战化军事训练，加强军事力量运用，加快军事智能化发展，提高基于网络信息体系的联合作战能力、全域作战能力，有效塑造态势、管控危机、遏制战争、打赢战争。

坚持富国和强军相统一，强化统一领导、顶层设计、改革创新和重大项目落实，深化国防科技工业改革，形成军民融合深度发展格局，构建一体化的国家战略体系和能力。完善国防动员体系，建设强大稳固的现代边海空防。组建退役军人管理保障机构，维护军人军属合法权益，让军人成为全社会尊崇的职业。深化武警部队改革，建设现代化武装警察部队。

同志们！我们的军队是人民军队，我们的国防是全民国防。我们要加强全民国防教育，巩固军政军民团结，为实现中国梦强军梦凝聚强大力量！

全面提高新时代备战打仗能力[*]

（二〇一七年十一月三日）

习 近 平

实现党在新时代的强军目标、把人民军队全面建成世界一流军队，必须扭住能打仗、打胜仗这个关键，在备战打仗上有一个大的加强。全军要认真学习贯彻党的十九大精神，深入学习贯彻新时代党的强军思想，贯彻新形势下军事战略方针，强化使命担当，强化改革创新，强化工作落实，全面提高新时代备战打仗能力，为实现"两个一百年"奋斗目标、实现中华民族伟大复兴的中国梦提供战略支撑。

军队是要准备打仗的，军委必须懂打仗、善谋略、会指挥，军委工作一开始就要把备战打仗的指挥棒立起来。今天到军委联指中心来，就是要亮明态度，从我做起，从军委做起，强化备战打仗导向，提高打赢本领，抓实备战工作，带领我军真正做到能打仗、打胜仗，担当起党和人民赋予的新时代使命任务。

---

* 这是习近平同志在视察军委联合作战指挥中心时讲话的要点。

　　我国正处在由大向强发展的关键阶段，前景十分光明，挑战也十分严峻，中华民族伟大复兴绝不是轻轻松松、敲锣打鼓就能实现的。军事斗争是进行伟大斗争的重要方面，打赢能力是维护国家安全的战略能力。全军要强化忧患意识、危机意识、打仗意识，全部心思向打仗聚焦，各项工作向打仗用劲，尽快把备战打仗能力搞上去。

　　要密切关注国家安全形势变化，扎实做好各方向各领域军事斗争准备，做到一旦有事能快速应对，坚决维护国家主权、安全、发展利益。要着力强化战斗队思想，落实战斗力标准。要着力创新战争和作战筹划，紧跟战争形态和作战方式演变，紧贴作战任务、作战对手、作战环境，大兴作战问题研究之风。要着力加强联合作战指挥体系和能力建设，解放思想，创新实践，加大工作力度，打造坚强高效的战区联合作战指挥机构。要着力深化实战化军事训练，坚持仗怎么打兵就怎么练，打仗需要什么就苦练什么，把官兵积极性、主动性、创造性充分激发出来，在全军兴起大抓军事训练热潮。

　　全军各级领导干部特别是高级干部要做备战打仗带头人。要树立正确的事业观、权力观、地位观，树牢备战打仗意识。要坚持刀口向内，自觉来一场大学习，集中精力研究军事、研究战争、研究打仗，提高战略素养、联合素养、指挥素养、科技素养，带头在重大军事斗争实践和军事演训活动中磨砺自己，把打仗本领搞过硬。要坚持问题导向，一抓到底，在解决一个一个实际问题中推动备战工作落实。要建立严格的责任制，强化督导问责，一级抓一级，一级带一级，把备战打仗工作严起来。

不断开创当代中国马克思主义军事理论和军事实践发展新境界[*]

（二〇一七年十二月二十二日）

习 近 平

　　过去的五年，是党和国家发展进程中极不平凡的五年，也是我军发展进程中极不平凡的五年。党中央和中央军委科学把握国际国内大势，着眼于实现中国梦强军梦，着眼于解决我军存在的突出问题和矛盾，以巨大政治勇气和强烈责任担当，带领全军直面问题、勇于变革、攻坚克难，取得一系列重大成就，实现一系列历史性变革。

　　一是重振政治纲纪，坚定不移推进政治整训，有效解决了弱化党对军队绝对领导的突出问题。我反复强调，抓军队建设首先要从政治上看，对党绝对忠诚要害在"绝对"二字。我们到古田召开全军政治工作会议，对新时代政治建军作出部署，引领全军重整行装再出发。我们突出强化坚持党对军队的绝对领导，健全党领

* 这是习近平同志在中央军委扩大会议上讲话的一部分。

导军队的制度体系，严明政治纪律和政治规矩，严肃查处郭伯雄、徐才厚案件并全面彻底肃清其流毒影响，深入推进我军党内政治生活正本清源工作。我们深化党的科学理论武装，强化官兵"四个意识"，培养"四有"革命军人，锻造"四铁"过硬部队。我们贯彻军队好干部标准，匡正选人用人风气，坚定不移纯洁干部队伍。我们贯彻全面从严治党要求，严肃党内政治生活，加强领导干部教育管理监督，推动管党治党从宽松软走向严紧硬。通过打出整顿思想、整顿用人、整顿组织、整顿纪律等一套组合拳并持续发力，我军政治生态焕然一新，为我军建设和改革奠定了坚实政治基础。

二是重塑组织形态，大刀阔斧全面深化改革，有效解决了制约我军建设的体制结构突出问题。我们把深化国防和军队改革纳入党中央全面深化改革总盘子，创新改革组织模式，加强体系设计和长远谋划，横下一条心，以敢于啃硬骨头、敢于涉险滩的担当和勇气，坚决破除各方面体制机制弊端。几年来，我军改革大开大合、大破大立、蹄疾步稳，领导指挥体制改革率先展开，规模结构和力量编成改革压茬推进，军事政策制度改革成熟一项推进一项，打破了长期实行的总部体制、大军区体制、大陆军体制，形成了军委管总、战区主战、军种主建的新格局，实现了我军组织架构和力量体系的整体性、革命性重塑。

三是重整斗争格局，坚定捍卫国家核心利益，有效解决了军事力量运用进取性主动性不足的突出问题。我们制定新形势下军事战略方针，遂行一系列重大军事行动，实现了经略海洋、维护海权的历史性突破，为中华民族走向海洋奠定了实打实的战略基点，其重大意义将随着形势发展日益显现出来。我们有效应对有关方向突发情况，保持了战略全局稳定。

四是重构建设布局，创新发展理念和方式，有效解决了我军建设聚焦实战不够、质量效益不高的突出问题。我们旗帜鲜明坚持备战打仗导向，坚持战斗力这个唯一的根本的标准，推动各项建设和工作向打仗聚焦。我们确立"五个更加注重"的战略指导，制定实施军队建设发展"十三五"规划计划，狠抓实战化军事训练，加快发展新型作战力量，建设一切为了打仗的后勤，发展高新技术武器装备，构建新型军事人才培养体系和新型军事科研体系，加强国防动员、边海防、军队外事等工作，各方面建设取得明显进步。

五是重树作风形象，强力推进正风肃纪反腐，有效解决了不正之风和腐败现象滋生蔓延的突出问题。我们坚持以上率下，抓铁有痕、踏石留印，严格落实中央八项规定精神和军委十项规定，严肃纠治"四风"。我们坚持有腐必反、有贪必肃，坚持无禁区、全覆盖、零容忍，拿出刮骨疗毒、壮士断腕的决心勇气，坚定不移推进反腐败斗争，一大批腐败分子被绳之以法。我们积极构建权力运行制约和监督体系，强化纪检、巡视、审计监督，全面停止军队有偿服务，铲除腐败滋生土壤。几年如一日抓下来，我们彻底扭转积重难返的局面，我军好传统好作风逐步回归，党心民心极大振奋，军心士气极大提振，集聚起强军兴军的强大正能量。

党的十八大以来的实践充分证明，我们这支人民军队是对党忠诚、听党话跟党走的，是经得起复杂环境和斗争考验的，是党和人民完全可以信赖的。

在波澜壮阔的强军实践中，我们着眼于实现中华民族伟大复兴的中国梦，围绕新时代建设一支什么样的强大人民军队、怎样建设强大人民军队，深入进行理论探索和实践创造，形成了新时代党的强军思想。明确强国必须强军，巩固国防和强大人民军队是新时代坚持和发展中国特色社会主义、实现中华民族伟大复兴的战略支撑；明确党在新时代的强军目标是建设一支听党指挥、能打胜仗、作风优良的人民军队，必须同国家现代化进程相一致，力争到二〇三五年基本实现国防和军队现代化，到本世纪中叶把人民军队全面建成世界一流军队；明确党对军队的绝对领导是人民军队建军之本、强军之魂，必须全面贯彻党领导军队的一系列根本原则和制度，确保部队绝对忠诚、绝对纯洁、绝对可靠；明确军队是要准备打仗的，必须聚焦能打仗、打胜仗，创新发展军事战略指导，构建中国特色现代作战体系，全面提高新时代备战打仗能力，有效塑造态势、管控危机、遏制战争、打赢战争；明确作风优良是我军鲜明特色和政治优势，必须加强作风建设、纪律建设，坚定不移正风肃纪、反腐惩恶，大力弘扬我党我军光荣传统和优良作风，永葆人民军队性质、宗旨、本色；明确推进强军事业必须坚持政治建军、改革强军、科技兴军、依法治军，更加注重聚焦实战、更加注重创新驱动、更加注重体系建设、更加注重集约高效、更加注重军民融合，全面提高革命化现代化正规化水平；明确改革是强军的必由之路，必须推进军队组织形态现代化，构建中国特色现代军事力量体系，完善中国特色社会主义军事制度；明确创新是引领发展的第一动力，必须坚持向科技创新要战斗力，统筹推进军事理论、技术、组织、管理、文化等各方面创新，建设创新型人民军队；明确现代化军队必须构建中国特色军事法治体系，推动治军方式根本性转变，提高国防和军队建设法治化水平；明确军民融合发展是兴国之举、强军之策，必须坚持发展和安全兼顾、富国和强军统一，形成全要素、多领域、高效益军民融合深度发展格局，构建一体化的国家战略体系和能力。对新时代党的强军思想，要全面准确学习领会，毫不动摇贯彻落实。

世界在不断变化，中国在不断发展，强军事业必须与时俱进。这几年，国防和军队建设取得历史性成就、发生历史性变革，但还面临不少突出问题和挑战。我们要坚持问题导向，加强理论创新、实践创新，不断开创当代中国马克思主义军事理论和军事实践发展新境界。

新时代人民军队的使命任务*

（二〇一七年十二月二十二日）

习　近　平

实现中华民族伟大复兴，是我们党一经成立就肩负起的历史使命。现在，中华民族伟大复兴迎来了前所未有的光明前景。我军必须服从服务于党的历史使命，把握新时代国家安全战略需求，为实现中华民族伟大复兴提供战略支撑。

第一，为巩固中国共产党领导和我国社会主义制度提供战略支撑。我国是中国共产党领导的社会主义国家，政治安全始终是治国安邦的根本。如果政治安全得不到保障，中国必然会陷入四分五裂、一盘散沙的局面，那中华民族伟大复兴就根本无从谈起。

今年是十月革命胜利一百周年。一百年来，世界社会主义既有高歌猛进，又有坎坷反复，特别是苏联解体、东欧剧变后，世界社会主义遭受重大曲折。当时，唱衰中国的论调不绝于耳，有人甚至预言中国几年内就

会改变颜色。但是，中国非但没有垮下去，反而蒸蒸日上，科学社会主义在中国焕发出强大生机活力。这里面最根本的原因，就是我们党的领导坚强有力、坚如磐石。对中国共产党领导，对中国特色社会主义道路、理论、制度、文化，我们要有充分自信。

巩固党的长期执政地位，保证社会主义红色江山永不变色，我军具有特殊重要的地位和作用，必须在政治上非常过硬。全军要坚定站在党的旗帜下，坚决维护国家政权安全、制度安全，坚决维护政治社会大局稳定。

第二，为捍卫国家主权、统一、领土完整提供战略支撑。我国还没有实现祖国完全统一，同周边多个国家存在领土主权和海洋权益争端。解决好这些问题，是我们必须跨越的关口，也是我们在实现中华民族伟大复兴历史进程中必须正确处理和应对的重大风险挑战。

完成祖国统一是我们党三大历史任务之一，关系中国人民根本利益和民族感情。我们要尽最大努力争取和平统一，但任何时候都不能放弃使用武力，任何时候都要坚决威慑和遏制"台独"分裂活动。对"藏独"、"东突"、"港独"等一切形式的分裂活动，都要严密防范、坚决打击。

第三，为维护我国海外利益提供战略支撑。随着我国全方位对外开放不断扩大，我们的国家利益向全球不断拓展，形成了重大海外利益格局。海外利益越大，安全需求就越大。近年来，一些国家多次发生我国驻外机构和海外企业遭袭、建设项目受挫、人员被绑架甚至被杀害等事件，海外安全保障成为我们必须解决的一个大问题。

保障海外利益安全，必须有实质性力量和手段。我军要紧跟国家海外利益拓展进程，增强在更加广阔的空间遂行多样化军事任务能力。

第四，为促进世界和平与发展提供战略支撑。实现中华民族伟大复兴，必须有一个和平的国际环境和周边环境。党的十八大以来，面对国际风云变幻，我们加强对外战略运筹，积极推进中国特色大国外交，我国日益走近世界舞台中央，国际影响力、感召力、塑造力不断提高，国际社会对我国关注和重视程度空前提升，我们保持了在国际体系中的主动有利地位。同时，我们也要看到，国际体系变革实质是国际权力和利益的再分配，斗争很复杂很激烈。

总之，新时代我国安全的内涵外延、时空领域、内外因素都在发生深刻变化，对我军提出了前所未有的挑战。国防和军队现代化进程必须同国家现代化进程相适应，军事能力必须同实现中华民族伟大复兴的战略需求相适应。全军要强化使命担当，增强忧患意识和进取精神，以时不我待、只争朝夕的紧迫感，加快提升履行新时代使命任务的能力。

在中央军委开训动员大会上的训令

（二〇一八年一月三日）

习 近 平

新年伊始，中央军委举行开训动员大会，目的是贯彻落实党的十九大精神和新时代党的强军思想，号召全军全面加强实战化军事训练，全面提高打赢能力。

我命令：全军各级要强化练兵备战鲜明导向，坚定不移把军事训练摆在战略位置、作为中心工作，抓住不放，抓出成效。要坚持领导带头、以上率下，坚持实战实训、联战联训，坚持按纲施训、从严治训。要端正训练作风、创新训练方法、完善训练保障、严格训练监察，开展群众性练兵比武活动，加强针对性对抗性训练，提高军事训练实战化水平，牢牢掌握能打仗、打胜仗的过硬本领。

全军指战员要坚决贯彻党中央和中央军委决策指示，发扬一不怕苦、二不怕死的战斗精神，刻苦训练，科学训练，勇于战胜困难，勇于超越对手，锻造召之即来、来之能战、战之必胜的精兵劲旅，坚决完成党和人民赋予的新时代使命任务！

毫不动摇坚持党对军队的绝对领导[*]

（二〇一八年八月十七日）

习　近　平

坚持党对军队的绝对领导是我军加强党的领导和党的建设工作的首要任务。在党的十九大报告中，我提出要重点加强党的政治建设问题，后来又不断加以强调。对我军来说，加强党的政治建设最根本的是确保党对军队绝对领导。

坚持党对军队的绝对领导，首先全军对党要绝对忠诚。这是马克思主义建党建军的一条基本原则，是我们党长期以来建军治军经验教训的深刻总结。我们党能够经受住一九八九年春夏之交政治风波等的严峻考验，关键就是我军始终没有脱离党的领导。党的十九大把坚持党对人民军队的绝对领导上升为新时代坚持和发展中国特色社会主义的一条基本方略是有深远政治考虑的。

我军加强党的政治建设，重点是教育引导全军特别是高级干部坚决维护党中央权威和集中统一领导，坚决

＊　这是习近平同志在中央军委党的建设会议上讲话的一部分。

听从党中央和中央军委指挥。军委主席负责制是坚持党对军队绝对领导的根本制度，要全面落实。这方面关键看行动，对军委决策部署，不能只是表表态、写个报告、贴个标签，不扑下身子抓落实。各级特别是高层党委和高级干部要把该担的责任担起来，党中央和中央军委发出了号令，大家就要敢于负责，大胆负责，锐意进取，确保军委主席负责制落到实处。

做到对党绝对忠诚，必须铸牢听党话、跟党走的思想根基。要坚持用新时代中国特色社会主义思想和新时代党的强军思想武装官兵，开展"传承红色基因、担当强军重任"主题教育，根据党中央部署抓好"不忘初心、牢记使命"主题教育，引导官兵坚定理想信念，坚定听党指挥的政治灵魂。要改进党委中心组学习和高级干部理论轮训，纠治表态化、浅表化、功利化等不良学风，做到学而信、学而用、学而行。

党委统一的集体领导下的首长分工负责制，是确保我们党掌控部队的重要制度。我军一切工作都必须置于党委统一领导之下，一切重要问题都必须由党委研究决定，决不允许个人说了算、少数人说了算。要处理好党委集体领导同首长分工负责的关系，健全常委会和首长办公会的议事决策规则，规范各类议事协调机构职责，不能越权议事定事，不能搞"家长制"、"一言堂"。

坚持党对军队的绝对领导，必须严肃党内政治生活，严明党的政治纪律和政治规矩。党的十八大以来，全军处理的军级以上干部，说到底都是在对党忠诚上出了问题。对党不忠是对党和军队的致命威胁，必须旗帜鲜明加以反对。要加强忠诚度鉴别和政治考察，把那些不忠诚、不老实的人从革命队伍中彻底清除出去，确保枪杆子牢牢掌握在对党绝对忠诚的人手中。广大党员、干部特别是高级干部要树牢"四个意识"，做政治上的明白人、老实人，绝不做两面派、两面人。

当前，意识形态领域斗争依然尖锐复杂，敌对势力企图在我国策动"颜色革命"，千方百计对我军实施"政治转基因工程"。现在，网上涉军信息形形色色，有团结鼓劲的，也有吐槽泄劲的，还有造谣抹黑的。要绷紧意识形态斗争这根弦，加强管理、严肃纪律，敢于斗争、善于斗争，增强工作主动性、针对性、实效性。

目前，军事政策制度改革工作正在推进，有关方案即将出台实施。要按照军委总体部署，健全党领导军队的制度体系，全面规范我军党的工作和政治工作。这方面，军委要加强统筹指导。

锻造坚强有力的党组织[*]

（二〇一八年八月十七日）

习　近　平

党的力量来自组织，组织强则军队强。要坚持组织路线服务政治路线，聚焦备战打仗主责主业，加强我军党的组织体系建设，增强各级党组织的领导力、组织力、执行力，把党的政治优势和组织优势转化为制胜优势。

这次深化国防和军队改革，实现了我军组织架构和力量体系的整体性、革命性重塑，我军党组织的体系结构、类型设置、职能配置等相应发生了很大变化。要坚持军委管总、战区主战、军种主建总原则，找准各级各类党组织职能定位，优化组织设置，健全制度机制，改进领导方式，把组织功能充分发挥出来。

军委机关部门党委要贯彻党中央和中央军委决策部署，确保军委机关履行战略谋划和宏观管理职能，发挥好参谋机关、执行机关、服务机关作用。战区党委作为

---

*　这是习近平同志在中央军委党的建设会议上讲话的一部分。

党中央和中央军委派出的代表机关，要对辖区部队日常战备和军事行动实行集中统一领导。战区成立时间不长，党委建设和运行面临一些新情况新问题，要继续加强实践探索。军兵种党委要坚持以战领建、抓建为战，以主要精力抓好部队建设管理，在推进军兵种建设战略转型中发挥领导作用。战区军种党委要加强工作统筹，履行好作战指挥和建设管理双重职能，确保作战指挥顺畅、建设管理高效。基层党组织是党在我军的神经末梢，要突出政治功能，着力提升组织力，推动基层建设全面进步、全面过硬。其他党组织都要适应改革后的新体制新职能，做到正其位、司其职、负其责。

军级以上高层党委在我军党的组织体系中地位重要、责任重大。从实际情况看，高层党委班子建设还存在不少薄弱环节，很多问题往往出在这个环节。高层党委要旗帜鲜明讲政治，站稳政治立场，把准政治方向，坚定政治信念，提升政治能力，确保政治过硬。

高层党委要抓备战打仗，这里，我提几点要求。

一是要提高战略谋划能力。要善于从政治上、全局上思考和处理军事问题，强化战略思维、创新思维、辩证思维、法治思维、底线思维。要加强学习，下功夫研究军事、研究战争、研究打仗。各大单位党委要加强重大战略问题研究，积极建言献策。要制定完善战区战略、军兵种发展战略、重大安全领域军事战略，提高本方向、本领域、本单位建设的科学性。

二是要提高真打实备能力。要把备战打仗作为第一要务，把战斗力标准实打实立起来。全军正在深入纠治和平积弊，要切实抓好这项工作。高级干部不论处在哪个岗位、分管哪方面工作，首先是指挥员、战斗员，要真钻打仗、真练指挥，加紧解决"五个不会"等突出问题。考核党委工作和领导干部，要重点考核议战议训情况，考核开展实战化训练、遂行军事斗争任务、解决备战打仗突出问题的情况。军委要加强备战打仗落实情况的检查和巡视。

三是要提高改革创新能力。这几年，我军建设发展步伐很快，各项改革深入推进，军事斗争任务接连不断，军事实践的范围和领域大大拓展，靠老观念、老办法、老经验抓工作很难跟上趟。高层党委要强化改革创新意识，把思想和行动从一切不合时宜的条条框框中解放出来，不能穿新鞋走老路。要拿出敢闯敢拼的劲头，运用改革创新的办法解决新情况新问题。

四是要提高科学管理能力。我军管理理念落后、管理方式粗放问题突出，特别是战略管理上弱项多，军事需求搞不准统不好、规划计划不科学、规划落实不理想等情况比较普遍，严重制约部队建设质量效益。高层党委要牢固树立"五个更加注重"战略指导，加快推进军事管理革命。要建立党委决策重大问题合规性审查、专业咨询和决策失误责任追究制度，提高决策科学性。

五是要提高狠抓落实能力。一分部署，九分落实。

对军委作出的决策、部署的工作，要雷厉风行、紧抓快干，不见成效不撒手。要深入开展调查研究，把工作中的问题摸准、对策搞实，迎难而上，主动作为。有的单位把发现和梳理问题当作成绩，但解决问题却雷声大雨点小，甚至过了好几年还涛声依旧。对工作落实不力、做虚功摆花架子的，要严肃问责。前不久，中央军委下发了《军队实行党的问责工作规定》，要落实好。

锻造高素质干部和人才队伍[*]

（二〇一八年八月十七日）

习 近 平

强军之道，要在得人。我军干部队伍和人才建设整体水平滞后于强军实践发展，专业能力同履行新时代使命任务不相匹配，结构布局同我军新的组织形态不相匹配。这已经成为制约国防和军队建设的突出短板，必须引起我们高度重视。要把培养干部、培养人才摆在更加突出的位置，构建具有我军特色的素质培养体系、知事识人体系、选拔任用体系、从严管理体系、正向激励体系，着力锻造忠诚干净担当的高素质干部队伍，着力集聚矢志强军打赢的各方面优秀人才。

选人用人是干部队伍建设的指挥棒，是政治生态的风向标。这些年，我们在选人用人上下了很大气力，但问题还没有得到根本解决。我军干部是党的干部，不是哪一级、哪个人的私产。要坚持德才兼备、以德为先、任人唯贤，突出政治标准和打仗能力，深入解决选人用

＊ 这是习近平同志在中央军委党的建设会议上讲话的一部分。

人突出问题，把强军事业需要的人用起来，把合适的人放到合适岗位上。要坚决摒弃选人用人上的宗派主义、本位主义、自由主义，坚决纠治圈子文化、码头文化，坚决反对任人唯亲、跑官要官、人身依附，决不能让攀附者成事、让钻营者得利。

知人才能善任，考准才能用好。要加强政治考核，全方位考察干部的政治忠诚、政治定力、政治担当、政治能力、政治自律。干部真实的德才情况日常表现最充分，周围的人最了解，群众的眼睛是雪亮的。要加强日常考核、分类考核、近距离考核，使选出来的干部组织放心、群众满意、干部服气。要强化党组织领导和把关作用，从严把好政治关、品行关、作风关、能力关、廉洁关。对把关不严、用人失察失误的要有个说法，不仅要查处被用的人，而且要查处用这种人的人。

做好年轻干部工作，是我军建设发展的大计。要贯彻党中央战略部署，制定和落实好优秀年轻干部培养规划。对看得准的要重点培养，放在备战打仗一线、吃劲要紧岗位和急难险重任务中摔打磨练。对优秀年轻干部的使用，要放眼全局、不拘一格，但不能拔苗助长、"火箭提拔"。确定为优秀年轻干部并不等于进了成长进步的"保险箱"，不是旱涝保收的。要实行动态更新，不行的抓紧调整，优秀的及时补充，始终保持一池活水。要注意用好不同年龄段干部，让整个队伍都有活力、有干劲、有奔头。

人才资源是强军兴军的宝贵战略资源。要加紧构建三位一体新型军事人才培养体系，加快解决人才匮乏问题，把人才建设搞上去。要把培养联合作战指挥人才作为急中之急突出出来，完善联合作战指挥员和参谋人员培养选拔机制，完善干部任职资格制度，畅通联合作战指挥人才发展路径。我军新型作战力量发展很快，装备更新换代、人员转岗改训比较密集，要有针对性加大新型作战力量人才培养力度，更好服务战斗力建设需要。要加快推进制度创新、管理创新、服务创新，健全以创新能力、质量、贡献为导向的人才评价体系，做好尖端人才培养引进工作。要重视加强高水平战略管理人才建设，培养一批具有全局视野、善于战略谋划、精通现代管理的明白人。

文职人员是现代军队的重要人力资源。我军面向社会公开招考文职人员工作正在进行，这是我军调整改革后的第一次，要精心组织好。

要坚持严管和厚爱结合、激励和约束并重，拿出实在有力举措，把大家积极性、主动性、创造性充分调动起来。干部能上就能下，不能干好干差一个样、干和不干一个样。要鼓励实干，鼓励创新，让干部放开手脚、奋发有为。要关心干部成长和官兵实际困难，帮助解决现实问题，让大家更好感受到组织关怀。

建立健全中国特色社会主义军事政策制度体系[*]

（二〇一八年十一月十三日）

习　近　平

军事政策制度调节军事关系、规范军事实践、保障军事发展，军事政策制度改革对实现党在新时代的强军目标、把人民军队全面建成世界一流军队，对实现“两个一百年”奋斗目标、实现中华民族伟大复兴的中国梦具有重大意义。要认清军事政策制度改革的重要性和紧迫性，统一思想、坚定信心、步调一致、狠抓落实，把军事政策制度改革任务完成好。

在革命、建设、改革各个历史时期，我们党根据形势发展变化、党的历史使命、人民军队担负的职责任务，根据建军治军特点规律和实践要求，不断调整和完善军事政策制度，为人民军队永葆性质和宗旨、提高打赢能力、不断从胜利走向胜利提供了重要保障。

---

* 这是习近平同志在中央军委政策制度改革工作会议上讲话的要点。

中国特色社会主义进入了新时代，国防和军队建设也进入了新时代，解决军事政策制度深层次矛盾和问题，全面释放深化国防和军队改革效能，开创强军事业新局面，掌握军事竞争和战争主动权，迫切需要适应形势任务发展要求，对军事政策制度进行系统、深入改革。

军事政策制度改革的指导思想是，以新时代中国特色社会主义思想和党的十九大精神为指导，深入贯彻新时代党的强军思想，以确保党对军队绝对领导为指向，以战斗力为唯一的根本的标准，以调动军事人员积极性、主动性、创造性为着力点，系统谋划、前瞻设计，创新发展、整体重塑，建立健全中国特色社会主义军事政策制度体系，为实现党在新时代的强军目标、把人民军队全面建成世界一流军队提供有力政策制度保障。

要深化我军党的建设制度改革，贯彻新时代党的建设总要求，以党章为根本遵循，完善军队党的政治建设、思想建设、组织建设、作风建设、纪律建设制度，形成维护党中央权威和集中统一领导，确保党对军队绝对领导的我军党的建设制度。

要创新军事力量运用政策制度，适应国家安全战略需求，聚焦能打仗、打胜仗，创新军事战略指导制度，构建联合作战法规体系，调整完善战备制度，形成基于联合、平战一体的军事力量运用政策制度，全面履行新时代我军使命任务。

要重塑军事力量建设政策制度，加强军事人力资源制度体系设计，建立军官职业化制度，优化军人待遇保障制度，构建完善军人荣誉体系，统筹推进军事训练、装备发展、后勤建设、军事科研、国防动员、军民融合等方面政策制度改革，形成聚焦打仗、激励创新、军民融合的军事力量建设政策制度，更好解放和发展战斗力。

要推进军事管理政策制度改革，创新战略管理制度，构建军费管理制度，加强军事资源统筹安排，推进法规制度建设集成化、军事法规法典化，推进军事司法制度改革，形成精准高效、全面规范、刚性约束的军事管理政策制度，提升军事系统运行效能，推动我军高质量发展。

全军要把落实党中央和中央军委关于军事政策制度改革决策部署作为重大政治责任，强化使命担当，周密组织实施，有力有序推进。要抓好统一思想工作，引导全军深刻认识和把握军事政策制度改革的重大意义，自觉站在政治和大局高度认识改革、支持改革、服从改革。各级特别是高级干部要强化"四个意识"，带头讲政治、顾大局、守纪律、促改革、尽责任。要抓好责任落实工作，按照职能和任务分工抓好政策制度拟制和落实工作，加强改革举措协调对接，加强改革进程总体调控，加强改革落实情况督查，确保改革按照既定部署向前推进。要抓好统筹协调工作，突出改革急需、备战急用、官兵急盼，抓紧出台一批政策制度。

推进军事政策制度改革是军地双方的共同任务，中央和国家机关、地方各级党委和政府要关心支持军队改革，落实好担负的改革任务，形成军地合力的良好局面。

在新的起点上做好军事斗争准备工作*

（二〇一九年一月四日）

习　近　平

全军要坚持以新时代中国特色社会主义思想为指导，深入贯彻党的十九大和十九届二中、三中全会精神，深入贯彻新时代党的强军思想，深入贯彻新时代军事战略方针，在新的起点上做好军事斗争准备工作，开创强军事业新局面。

党的十八大以来，面对错综复杂的国内外形势和艰巨繁重的军事任务，党中央和中央军委审时度势、统揽全局，带领全军锐意进取、攻坚克难，军事工作在斗争中加强、在创新中发展，取得许多标志性、开创性、历史性重大成就。全军以坚定意志品质、灵活战略策略、有力军事行动，坚决维护国家主权、安全、发展利益，经受住了复杂形势和严峻斗争考验。

当今世界正面临百年未有之大变局，我国发展仍处于重要战略机遇期，同时各种可以预料和难以预料的风

---

*　这是习近平同志在中央军委军事工作会议上讲话的要点。

险挑战增多。全军要正确认识和把握我国安全和发展大势，强化忧患意识、危机意识、打仗意识，扎扎实实做好军事斗争准备各项工作，坚决完成党和人民赋予的使命任务。

要把新时代军事战略思想立起来，把新时代军事战略方针立起来，把备战打仗指挥棒立起来，把抓备战打仗的责任担当立起来。要强化战斗队思想，坚持战斗力这个唯一的根本的标准，各项工作和建设、各方面力量和资源都要聚焦军事斗争准备、服务军事斗争准备，推动军事斗争准备工作有一个很大加强。

要深化战争和作战筹划，确保一旦有事能快速有效应对。要加快推进联合作战指挥体系建设，提升联合作战指挥能力。要加强新型作战力量建设，增加新质战斗力比重。要大抓实战化军事训练，提高练兵备战质量和水平。要坚持问题导向，对突出短板弱项要扭住不放、持续用力，一个问题一个问题解决，确保取得成效。

中央和国家机关各部门、地方各级党委和政府要支持国防和军队建设，共同把我们这支英雄的人民军队建设得更加强大、更有战斗力。

新时代中国防御性国防政策[*]

（二〇一九年七月）

中国的社会主义国家性质，走和平发展道路的战略抉择，独立自主的和平外交政策，"和为贵"的中华文化传统，决定了中国始终不渝奉行防御性国防政策。

坚决捍卫国家主权、安全、发展利益

这是新时代中国国防的根本目标。

慑止和抵抗侵略，保卫国家政治安全、人民安全和社会稳定，反对和遏制"台独"，打击"藏独""东突"等分裂势力，保卫国家主权、统一、领土完整和安全。维护国家海洋权益，维护国家在太空、电磁、网络空间等安全利益，维护国家海外利益，支撑国家可持续发展。

中国坚定维护国家主权和领土完整。南海诸岛、钓鱼岛及其附属岛屿是中国固有领土。中国在南海岛礁进行基础设施建设，部署必要的防御性力量，在东海钓鱼

---

* 这是中华人民共和国国务院新闻办公室发表的《新时代的中国国防》的第二部分。

岛海域进行巡航，是依法行使国家主权。中国致力于同
直接有关的当事国在尊重历史事实和国际法的基础上，
通过谈判协商解决有关争议。中国坚持同地区国家一道
维护和平稳定，坚定维护各国依据国际法所享有的航行
和飞越自由，维护海上通道安全。

解决台湾问题，实现国家完全统一，是中华民族的
根本利益，是实现中华民族伟大复兴的必然要求。中国
坚持"和平统一、一国两制"方针，推动两岸关系和平
发展，推进中国和平统一进程，坚决反对一切分裂中国
的图谋和行径，坚决反对任何外国势力干涉。中国必须
统一，也必然统一。中国有坚定决心和强大能力维护国
家主权和领土完整，决不允许任何人、任何组织、任何
政党、在任何时候、以任何形式、把任何一块中国领土
从中国分裂出去。我们不承诺放弃使用武力，保留采取
一切必要措施的选项，针对的是外部势力干涉和极少数
"台独"分裂分子及其分裂活动，绝非针对台湾同胞。
如果有人要把台湾从中国分裂出去，中国军队将不惜一
切代价，坚决予以挫败，捍卫国家统一。

坚持永不称霸、永不扩张、
永不谋求势力范围

这是新时代中国国防的鲜明特征。

国虽大，好战必亡。中华民族历来爱好和平。近代

以来，中国人民饱受侵略和战乱之苦，深感和平之珍贵、发展之迫切，决不会把自己经受过的悲惨遭遇强加于人。新中国成立七十年来，中国没有主动挑起过任何一场战争和冲突。改革开放以来，中国致力于促进世界和平，主动裁减军队员额四百余万。中国由积贫积弱发展成为世界第二大经济体，靠的不是别人的施舍，更不是军事扩张和殖民掠夺，而是人民勤劳、维护和平。中国既通过维护世界和平为自身发展创造有利条件，又通过自身发展促进世界和平，真诚希望所有国家都选择和平发展道路，共同防范冲突和战争。

中国坚持在和平共处五项原则基础上发展同各国的友好合作，尊重各国人民自主选择发展道路的权利，主张通过平等对话和谈判协商解决国际争端，反对干涉别国内政，反对恃强凌弱，反对把自己的意志强加于人。中国坚持结伴不结盟，不参加任何军事集团，反对侵略扩张，反对动辄使用武力或以武力相威胁。中国的国防建设和发展，始终着眼于满足自身安全的正当需要，始终是世界和平力量的增长。历史已经并将继续证明，中国决不走追逐霸权、"国强必霸"的老路。无论将来发展到哪一步，中国都不会威胁谁，都不会谋求建立势力范围。

贯彻落实新时代军事战略方针

这是新时代中国国防的战略指导。

新时代军事战略方针，坚持防御、自卫、后发制人原则，实行积极防御，坚持"人不犯我、我不犯人，人若犯我、我必犯人"，强调遏制战争与打赢战争相统一，强调战略上防御与战役战斗上进攻相统一。

贯彻落实新时代军事战略方针，服从服务党和国家战略全局，落实总体国家安全观，强化忧患意识、危机意识、打仗意识，积极适应战略竞争新格局、国家安全新需求、现代战争新形态，有效履行新时代军队使命任务。根据国家面临的安全威胁，扎实做好军事斗争准备，全面提高新时代备战打仗能力，构建立足防御、多域统筹、均衡稳定的新时代军事战略布局。坚持全民国防，创新人民战争的战略战术和内容方法，充分发挥人民战争整体威力。

中国始终奉行在任何时候和任何情况下都不首先使用核武器、无条件不对无核武器国家和无核武器区使用或威胁使用核武器的核政策，主张最终全面禁止和彻底销毁核武器，不会与任何国家进行核军备竞赛，始终把自身核力量维持在国家安全需要的最低水平。中国坚持自卫防御核战略，目的是遏制他国对中国使用或威胁使用核武器，确保国家战略安全。

坚持走中国特色强军之路

这是新时代中国国防的发展路径。

建设同国际地位相称、同国家安全和发展利益相适应的巩固国防和强大军队，是中国社会主义现代化建设的战略任务，是坚持走和平发展道路的安全保障，是总结历史经验的必然选择。

新时代中国国防和军队建设，深入贯彻习近平强军思想，深入贯彻习近平军事战略思想，坚持政治建军、改革强军、科技兴军、依法治军，聚焦能打仗、打胜仗，推动机械化信息化融合发展，加快军事智能化发展，构建中国特色现代军事力量体系，完善和发展中国特色社会主义军事制度，不断提高履行新时代使命任务的能力。

新时代中国国防和军队建设的战略目标是，到二〇二〇年基本实现机械化，信息化建设取得重大进展，战略能力有大的提升。同国家现代化进程相一致，全面推进军事理论现代化、军队组织形态现代化、军事人员现代化、武器装备现代化，力争到二〇三五年基本实现国防和军队现代化，到本世纪中叶把人民军队全面建成世界一流军队。

服务构建人类命运共同体

这是新时代中国国防的世界意义。

中国人民的梦想与世界人民的梦想息息相通。一个和平稳定繁荣的中国，是世界的机遇和福祉。一支强大的中国军队，是维护世界和平稳定、服务构建人类命运共同体的坚定力量。

中国军队坚持共同、综合、合作、可持续的安全观，秉持正确义利观，积极参与全球安全治理体系改革，深化双边和多边安全合作，促进不同安全机制间协调包容、互补合作，营造平等互信、公平正义、共建共享的安全格局。

中国军队坚持履行国际责任和义务，始终高举合作共赢的旗帜，在力所能及的范围内向国际社会提供更多公共安全产品，积极参加国际维和、海上护航、人道主义救援等行动，加强国际军控和防扩散合作，建设性参与热点问题的政治解决，共同维护国际通道安全，合力应对恐怖主义、网络安全、重大自然灾害等全球性挑战，积极为构建人类命运共同体贡献力量。

履行新时代军队使命任务[*]

（二〇一九年七月）

进入新时代，中国军队依据国家安全和发展战略要求，坚决履行党和人民赋予的使命任务，为巩固中国共产党领导和社会主义制度提供战略支撑，为捍卫国家主权、统一、领土完整提供战略支撑，为维护国家海外利益提供战略支撑，为促进世界和平与发展提供战略支撑。

维护国家领土主权和海洋权益

中国拥有二万二千多千米陆地边界、一万八千多千米大陆海岸线，是世界上邻国最多、陆地边界最长、海上安全环境十分复杂的国家之一，维护领土主权、海洋权益和国家统一的任务艰巨繁重。

中国军队严密防范各类蚕食、渗透、破坏和袭扰活动，维护边防安全稳定。中国同周边九个国家签订边防合作协议，同十二个国家建立边防会谈会晤机制，构建

---

　* 这是中华人民共和国国务院新闻办公室发表的《新时代的中国国防》的第三部分。

起国防部、战区、边防部队三级对外交往机制，常态化开展友好互访、工作会谈和联合巡逻执勤、联合打击跨境犯罪演练等活动。同哈萨克斯坦、吉尔吉斯斯坦、俄罗斯、塔吉克斯坦开展边境裁军履约工作。加强中印方向稳边固防，采取有力措施为和平解决洞朗对峙事件创造有利条件。强化中阿边境管控，严防暴恐分子渗透。加强中缅方向安全管控，维护边境地区安宁和人民安全。二〇一二年以来，中国边防部队同邻国军队共进行三千三百余次联合巡逻，举行八千一百余次边防会晤，在中越、中缅方向开展边境扫雷约五十八平方千米，封围雷场约二十五平方千米，排除地雷等爆炸物约十七万枚。

组织东海、南海、黄海等重要海区和岛礁警戒防卫，掌握周边海上态势，组织海上联合维权执法，妥善处置海空情况，坚决应对海上安全威胁和侵权挑衅行为。二〇一二年以来，组织舰艇警戒巡逻四千六百余次和维权执法七万二千余次，维护海洋和平安宁和良好秩序。

组织空防和对空侦察预警，监视国家领空及周边地区空中动态，组织空中警巡、战斗起飞，有效处置各种空中安全威胁和突发情况，维护空中秩序，维护空防安全。

着眼捍卫国家统一，加强以海上方向为重点的军事斗争准备，组织舰机"绕岛巡航"，对"台独"分裂势力发出严正警告。

保持常备不懈的战备状态

军队保持战备状态，是有效应对安全威胁、履行使命任务的重要保证。中央军委和战区联合作战指挥机构严格落实战备值班制度，常态组织战备检查、战备拉动，保持随时能战状态，不断提高联合作战指挥能力，稳妥高效指挥处置各类突发情况，有效遂行各种急难险重任务。二〇一八年，中央军委组织全军战备突击检查和部队整建制拉动，行动范围覆盖二十一个省、自治区、直辖市和东海、南海部分海域。

解放军和武警部队强化战备观念，严格战备制度，加强战备值班执勤，扎实开展战备演练，建立正规战备秩序，保持良好战备状态，有效遂行战备（战斗）值班、巡逻执勤等任务。

开展实战化军事训练

军事训练是和平时期军队的基本实践活动。中国军队坚持把军事训练摆在重要位置，牢固树立战斗力这个唯一的根本的标准，完善军事训练法规和标准体系，建立健全训练监察体系，组织全军应急应战军事训练监察，落实练兵备战工作责任制，开展群众性练兵比武活动，不断提高实战化训练水平。

全军兴起大抓实战化军事训练的热潮。二〇一二年以来，全军部队广泛开展各战略方向使命课题针对性训练和各军兵种演训，师旅规模以上联合实兵演习八十余场。

各战区强化联合训练主体责任，扎实开展联合训练，结合各战略方向使命任务，组织"东部""南部""西部""北部""中部"系列联合实兵演习，努力提高联合作战能力。

陆军广泛开展军事训练大比武，实施"跨越""火力"等实兵实装实弹演习。海军拓展远海训练，航母编队首次在西太平洋海域开展远海作战演练，在南海海域和青岛附近海空域举行海上阅兵，组织"机动"系列实兵对抗演习和成体系全要素演习。空军加强体系化实案化全疆域训练，组织南海战巡、东海警巡、前出西太，常态化开展"红剑"等系列体系对抗演习。火箭军组织对抗性检验性训练、整旅整团实案化训练，强化联合火力打击训练，常态化开展"天剑"系列演习。战略支援部队积极融入联合作战体系，扎实开展新型领域对抗演练和应急应战训练。联勤保障部队推进融入联合作战体系，组织"联勤使命——二〇一八"等系列演习演练。武警部队按照覆盖全国、高效联动、全域响应、多能一体的要求，实施"卫士"等系列演习。

维护重大安全领域利益

核力量是维护国家主权和安全的战略基石。中国军队严格核武器及相关设施安全管理，保持适度戒备状态，提高战略威慑能力，确保国家战略安全，维护国际战略稳定。

太空是国际战略竞争制高点，太空安全是国家建设和社会发展的战略保障。着眼和平利用太空，中国积极参与国际太空合作，加快发展相应的技术和力量，统筹管理天基信息资源，跟踪掌握太空态势，保卫太空资产安全，提高安全进出、开放利用太空能力。

网络空间是国家安全和经济社会发展的关键领域。网络安全是全球性挑战，也是中国面临的严峻安全威胁。中国军队加快网络空间力量建设，大力发展网络安全防御手段，建设与中国国际地位相称、与网络强国相适应的网络空间防护力量，筑牢国家网络边防，及时发现和抵御网络入侵，保障信息网络安全，坚决捍卫国家网络主权、信息安全和社会稳定。

遂行反恐维稳

中国坚决反对一切形式的恐怖主义、极端主义。中国武装力量依法参加维护社会秩序行动，防范和打击暴力恐怖活动，维护国家政治安全和社会大局稳定，保障人民群众安居乐业。

武警部队执行重要目标守卫警戒、现场警卫、要道设卡和城市武装巡逻等任务，协同国家机关依法参加执法行动，打击违法犯罪团伙和恐怖主义活动，积极参与社会面防控，着力防范和处置各类危害国家政治安全、社会秩序的隐患，为"平安中国"建设作出重要贡献。二〇一二年以来，每年均动用大量兵力担负执勤安保、反恐处突、海上维权执法等任务，参加二十国集团领导人峰会、亚太经合组织领导人非正式会议、"一带一路"国际合作高峰论坛、金砖国家领导人会晤、上海合作组织青岛峰会等警卫安保任务近万起，参与处置劫持人质事件和严重暴力恐怖事件六百七十一起。二〇一四年以来，协助新疆维吾尔自治区政府打掉暴力恐怖团伙一千五百八十八个，抓获暴力恐怖人员一万二千九百九十五人。

解放军依法协助地方政府维护社会稳定，参加重大安保行动及处置其他各类突发事件，主要承担防范恐怖活动、核生化检测、医疗救援、运输保障、排除水域安全隐患、保卫重大活动举办地和周边地区空中安全等任务。

维护海外利益

海外利益是中国国家利益的重要组成部分。有效维护海外中国公民、组织和机构的安全和正当权益，是中国军队担负的任务。

中国军队积极推动国际安全和军事合作，完善海外利益保护机制。着眼弥补海外行动和保障能力差距，发展远洋力量，建设海外补给点，增强遂行多样化军事任务能力。实施海上护航，维护海上战略通道安全，遂行海外撤侨、海上维权等行动。

二〇一七年八月，中国人民解放军驻吉布提保障基地正式投入使用。自开营以来，已为四批次护航编队保障维修器材，为百余名护航官兵提供医疗保障服务，同外军开展联合医疗救援演练等活动，并向当地学校捐赠六百余件教学器材。

二〇一五年三月，也门安全局势严重恶化，中国海军护航编队赴也门亚丁湾海域，首次直接靠泊交战区域港口，安全撤离六百二十一名中国公民和二百七十六名来自巴基斯坦、埃塞俄比亚、新加坡、意大利、波兰、德国、加拿大、英国、印度、日本等十五个国家的公民。

参加抢险救灾

参加国家建设事业、保卫人民和平劳动，是宪法赋予中国武装力量的使命任务。依据《军队参加抢险救灾条例》，中国武装力量主要担负解救、转移或者疏散受困人员，保护重要目标安全，抢救、运送重要物资，参加道路（桥梁、隧道）抢修、海上搜救、核生化救援、疫情控制、医疗救护等专业抢险，排除或者控制其他危重险情、灾情，协助地方人民政府开展灾后重建工作等任务。

二〇一二年以来，解放军和武警部队共出动九十五万人次、组织民兵一百四十一万人次，动用车辆及工程机械十九万台次、船艇二万六千艘次、飞机（直升机）八百二十架次参加抢险救灾。先后参加云南鲁甸地震救灾、长江中下游暴雨洪涝灾害抗洪抢险、雅鲁藏布江堰塞湖排险等救灾救援行动，协助地方政府解救、转移安置群众五百余万人，巡诊救治病员二十一万余人次，抢运物资三十六万余吨，加固堤坝三千六百余千米。二〇一七年，驻澳门部队出动兵力二千六百三十一人次，车辆一百六十余台次，协助特别行政区政府开展强台风"天鸽"灾后救援。

坚持和完善党对人民军队的绝对领导制度，确保人民军队忠实履行新时代使命任务[*]

（二〇一九年十月三十一日）

人民军队是中国特色社会主义的坚强柱石，党对人民军队的绝对领导是人民军队的建军之本、强军之魂。必须牢固确立习近平强军思想在国防和军队建设中的指导地位，巩固和拓展深化国防和军队改革成果，构建中国特色社会主义军事政策制度体系，全面推进国防和军队现代化，确保实现党在新时代的强军目标，把人民军队全面建成世界一流军队，永葆人民军队的性质、宗旨、本色。

（一）坚持人民军队最高领导权和指挥权属于党中央。中央军委实行主席负责制是坚持党对人民军队绝对领导的根本实现形式。坚持全国武装力量由军委主席统

---

[*] 这是中国共产党第十九届中央委员会第四次全体会议通过的《中共中央关于坚持和完善中国特色社会主义制度、推进国家治理体系和治理能力现代化若干重大问题的决定》的第十一部分。

一领导和指挥，完善贯彻军委主席负责制的体制机制，严格落实军委主席负责制各项制度规定。严明政治纪律和政治规矩，坚决维护党中央、中央军委权威，确保政令军令畅通。

（二）健全人民军队党的建设制度体系。全面贯彻政治建军各项要求，突出抓好军魂培育，发扬优良传统，传承红色基因，坚决抵制"军队非党化、非政治化"和"军队国家化"等错误政治观点。坚持党委制、政治委员制、政治机关制，坚持党委统一的集体领导下的首长分工负责制，坚持支部建在连上，完善党领导军队的组织体系。建设坚强有力的党组织和高素质专业化干部队伍，确保枪杆子永远掌握在忠于党的可靠的人手中。

（三）把党对人民军队的绝对领导贯彻到军队建设各领域全过程。贯彻新时代军事战略方针，坚持战斗力根本标准，建立健全基于联合、平战一体的军事力量运用政策制度体系，构建新时代军事战略体系，加强联合作战指挥体系和能力建设，调整完善战备制度，健全实战化军事训练制度，有效塑造态势、管控危机、遏制战争、打赢战争。坚持以战领建、抓建为战，建立健全聚焦打仗、激励创新、军民融合的军事力量建设政策制度体系，统筹解放军现役部队和预备役部队、武装警察部队、民兵建设，统筹军队各类人员制度安排，深化军官职业化制度、文职人员制度、兵役制度等改革，推动形成现代化战斗力生成模式，构建现代军事力量体系。建立健全精准高效、全面规范、刚性约束的军事管理政策制度体系，强化军委战略管理功能，加强中国特色军事法治建设，提高军队系统运行效能。加快军民融合深度发展步伐，构建一体化国家战略体系和能力。完善国防科技创新和武器装备建设制度。深化国防动员体制改革。加强全民国防教育。健全党政军警民合力强边固防工作机制。完善双拥工作和军民共建机制，加强军政军民团结。

推动我军基层建设全面进步全面过硬[*]

（二〇一九年十一月八日）

习　近　平

　　加强新时代我军基层建设，是强军兴军的根基所在、力量所在。全军要坚持以新时代中国特色社会主义思想为指导，深入贯彻新时代党的强军思想，深入贯彻新时代军事战略方针，落实"四个坚持扭住"要求，发扬优良传统，强化改革创新，全面锻造听党话、跟党走的过硬基层，能打仗、打胜仗的过硬基层，法纪严、风气正的过硬基层，为推进强军事业提供坚实基础和支撑。

　　党的十九届四中全会通过了关于坚持和完善中国特色社会主义制度、推进国家治理体系和治理能力现代化若干重大问题的决定。学习贯彻全会决定是当前全党的一项重要政治任务。全会决定专门用一个部分就坚持和完善党对人民军队的绝对领导制度、确保人民军队忠实履行新时代使命任务进行了部署，其中很多任务的落实要从基层建设抓起。全军要结合我军实际，切实把党的

---

[*]　这是习近平同志在中央军委基层建设会议上讲话的要点。

十九届四中全会精神学习好、领会好、贯彻好。

基层是部队全部工作和战斗力的基础。我们党在建军治军长期实践中始终高度重视基层建设，我军从小到大、从弱到强、从胜利走向胜利，广大基层官兵作出了重要贡献。无论形势如何变化，依靠基层、建强基层这一条永远不能丢。

党的十八大以来，党中央和中央军委扭住党的组织抓基层、扭住战备训练抓基层、扭住官兵主体抓基层、扭住厉行法治抓基层，着力夯实政治根基、加强练兵备战、重塑力量编成、正规建设秩序、纯正内部风气、激发动力活力，推动我军基层建设取得长足进步。

这些年，强军兴军步伐很快，我军基层建设在使命任务要求、建设内涵、日常运行状态、部队组织形态、官兵成分结构、外部社会环境等方面正面临许多新情况新变化。要科学把握、积极适应，认真解决突出矛盾和问题，推动基层建设全面进步、全面过硬。

要锻造听党话、跟党走的过硬基层，确保党对军队的绝对领导直达基层、直达官兵。要加强对基层官兵的政治引领，坚持用党的科学理论建连育人，做好用新时代中国特色社会主义思想和新时代党的强军思想武装官兵工作，深化"不忘初心、牢记使命"主题教育和"传承红色基因、担当强军重任"主题教育，推进红色基因代代传工程，打牢听党指挥、献身强军事业的思想政治根基。要用信任的眼光、欣赏的眼光、发展的眼光看待基层官兵，探索构建新时代思想政治教育体系，提高教育针对性和实效性。要强化基层党组织政治功能和组织力，加强书记队伍建设，探索规范组织设置和运行方式，充分发挥基层党组织战斗堡垒作用和广大党员先锋模范作用。

要锻造能打仗、打胜仗的过硬基层，使基层真正做到召之即来、来之能战、战之必胜。要坚持战斗力标准，强化战斗队思想，把备战打仗指挥棒在基层牢固立起来，按照对战斗力的贡献率统筹各项建设。要探索基层战斗力生成和运用特点规律，提高基层建设质量和用兵效能。要坚持实战实训、按纲施训、从严治训，加强针对性适应性训练，加强新装备新力量训练，打牢训练基础，完善训练保障，提高训练实战化水平。要加快构建"三位一体"新型军事人才培养体系，用好基层实践平台，抓好群众性练兵比武活动，激励官兵立足本职岗位成长成才，强固基层建设人才支撑。要加强战斗精神培育，发扬一不怕苦、二不怕死精神，把官兵带得很有血性，把部队带得虎虎生威。

要锻造法纪严、风气正的过硬基层，以严明的法治和纪律凝聚铁的意志、锤炼铁的作风、锻造铁的队伍。要全面落实依法治军、从严治军方针，贯彻条令条例，坚持按纲抓建。要对基层建设有关政策制度进行全面梳理，搞好科学论证，做好立改废释工作。要严格管理部队，坚持严格要求同热情关心相结合，坚持纪律约束同说服教育相结合，确保部队高度集中统一和安全稳定。要把正风肃纪反腐压力传导到基层，深入纠治官兵身边的"微腐败"和不正之风，把基层搞得清清爽爽。要深入开展尊干爱兵、兵兵友爱活动，培养官兵甘苦与共、生死与共的革命情谊，巩固和发展团结、友爱、和谐、纯洁的内部关系。

要加强党对基层建设的领导。各级党委机关要强化强基固本思想，树立大抓基层鲜明导向，坚持把工作重心放在基层，加强和改进指导帮建基层工作。要坚持基层至上、士兵第一，充分尊重官兵主体地位和首创精神，带着对官兵的深厚感情做工作，坚决克服形式主义、官僚主义。要增强工作指导科学性，结合本单位本系统实际，搞好基层建设分类指导，狠抓经常性、基础性工作落实。要把指导帮建的着力点放在提高基层自建能力上，尊重基层工作安排权、人员使用权、财物支配权。对基层反映强烈的突出问题，要主动靠上去，想方设法帮助解决。要遵循军委管总、战区主战、军种主建总原则，健全运行机制，加强工作统筹，形成顺畅高效的抓建基层工作格局。

贯彻新时代军事教育方针，培养德才兼备的高素质专业化新型军事人才[*]

（二〇一九年十一月二十七日）

习　近　平

强军之道，要在得人。要全面贯彻新时代军事教育方针，全面实施人才强军战略，全面深化军事院校改革创新，把培养人才摆在更加突出的位置，培养德才兼备的高素质、专业化新型军事人才。

发展军事教育，必须有一个管总的方针，解决好培养什么人、怎样培养人、为谁培养人这个根本问题。新时代军事教育方针，就是坚持党对军队的绝对领导，为强国兴军服务，立德树人，为战育人，培养德才兼备的高素质、专业化新型军事人才。新时代军事教育方针是做好军事教育工作的基本遵循，要全面准确学习领会，毫不动摇贯彻落实。

---

[*] 这是习近平同志在全军院校长集训开班式上讲话的要点。

要全面实施人才强军战略，全面深化我军院校改革创新，推动院校建设加快转型升级。要在全军院校教育和人才培养体系中审视办学定位，加强院校建设顶层设计和长远谋划，形成职能清晰、有机衔接的办学育人格局。要加强学科专业建设，聚焦强军目标要求，坚持战斗力标准，健全动态调整机制，加强以课程和教材为重点的教学体系建设，加强院校科研同教学的结合。要打造高水平师资队伍，教育引导广大教员坚定理想信念、加强理论武装、立德修身、潜心治学，加大领军拔尖人才、中青年骨干人才培养力度，培养一批知晓现代战争的名师，走开高中级优秀指挥员到院校讲课的路子，用好用足外部优质教育力量和资源。要在军事政策制度改革框架下谋划和推进院校建设配套制度，在人才素质标准、人才培养模式、教学质量管控、教育管理运行等方面加强实践探索，从制度机制上解决院校建设矛盾和问题。

院校长要讲政治、懂教育、钻打仗、善管理、严自律，做办学治校的行家里手。要具备同岗位要求相匹配的政治素质和政治能力，坚持从思想上政治上建校治校。要热爱军事教育工作，更新教育理念，把握教育规律，强化专业素养，推动军事教育与时俱进。要带头研究军事、研究战争、研究打仗，在院校大兴研战、教战、学战之风，把为战育人落实到位。要从严治教、从严治学、从严治研、从严治考，满腔热忱解决教学科研实际困难，保持院校高度集中统一和安全稳定，保持团结、紧张、严肃、活泼的良好局面。要加强党性修养，加强作风纪律养成，加强学习实践，时时处处严格要求自己，以自身的好形象带出院校的好风气。

全军要关心院校、支持院校，把院校建设摆在优先发展位置，健全指导机制，形成工作合力，共同把我军院校教育和人才培养工作提高到一个新水平。

在常态化疫情防控前提下
扎实推进军队各项工作*

（二○二○年五月二十六日）

习　近　平

　　全军要自觉把思想和行动统一到党中央决策部署上来，坚定信心，迎难而上，在常态化疫情防控前提下扎实推进军队各项工作，坚决实现国防和军队建设二○二○年目标任务，坚决完成党和人民赋予的各项任务。

　　这场疫情防控斗争对我军是一次大考。人民军队听党指挥、闻令而动，在疫情防控斗争中发挥了重要作用、作出了突出贡献。实践再次证明，人民军队始终是党和人民完全可以信赖的英雄军队。

　　这场疫情对世界格局产生了深刻影响，对我国安全和发展也产生了深刻影响。要坚持底线思维，全面加强练兵备战工作，及时有效处置各种复杂情况，坚决维护国家主权、安全、发展利益，维护国家战略全局稳定。

---

　　* 这是习近平同志在出席十三届全国人大三次会议解放军和武警部队代表团全体会议时讲话的要点。

要探索常态化疫情防控条件下练兵备战方式方法，因时因势搞好科学调控，加紧推进军事斗争准备，灵活开展实战化军事训练，全面提高我军遂行军事任务能力。

这场疫情防控斗争对国防和军队改革是一次实际检验，充分体现了改革成效，同时也对改革提出了新要求。要坚持方向不变、道路不偏、力度不减，扭住政策制度改革这个重点，统筹抓好各项改革工作，如期完成既定改革任务。对疫情防控工作中暴露出的新情况新问题，要注重用改革创新的思路和办法加以解决。要发挥我军医学科研优势，加快新冠肺炎药物和疫苗研发，拿出更多硬核产品。要坚持向科技创新要战斗力，加强国防科技创新特别是自主创新、原始创新。改革创新关键在人，要构建"三位一体"人才培养体系，打造德才兼备的高素质、专业化新型军事人才方阵。

今年是我军建设发展"十三五"规划收官之年，要采取超常措施，克服疫情影响，集中力量打好规划落实攻坚战，力保重大任务完成、战略能力有大的提升。要编制好我军建设"十四五"规划，注重同国家发展布局相协调，搞好战略层面一体筹划，确保规划质量。要科学安排，精打细算，把军费管理好、使用好，使每一分钱都花出最大效益。

军政军民团结是我们党和国家的显著政治优势，这场疫情防控斗争充分彰显了这一点。我军要在完成好军事任务的同时，支援地方经济社会发展，支持打赢脱贫攻坚战，协助地方做好维护社会大局稳定工作。中央和国家机关、地方各级党委和政府要支持国防和军队建设，满腔热情为广大官兵排忧解难，汇聚起强国兴军的磅礴力量。

奋力推进国防和军队现代化建设[*]

（二〇二〇年七月三十日）

习 近 平

强国必须强军，军强才能国安。坚持和发展中国特色社会主义，实现中华民族伟大复兴，必须统筹发展和安全、富国和强军，确保国防和军队现代化进程同国家现代化进程相适应，军事能力同国家战略需求相适应。当前和今后一个时期是国防和军队现代化建设的关键时期，要统一思想、坚定信心、鼓足干劲、抓紧工作，奋力推进国防和军队现代化建设。

建设巩固国防和强大军队是我们党孜孜以求的目标。在长期实践中，我们党坚持把国防和军队现代化建设摆在党和国家事业全局重要位置，付出艰苦努力，取得巨大成就。党的十八大以来，我们着眼于实现中华民族伟大复兴中国梦，围绕实现党在新时代的强军目标，提出一系列重大方针原则，作出一系列重大决策部署，

---

* 这是习近平同志主持中共十九届中央政治局第二十二次集体学习时讲话的要点。

推进一系列重大工作，开创了强军事业新局面。今年，我们将实现国防和军队建设二〇二〇年目标任务，并乘势而上，开启基本实现国防和军队现代化、进而把我军全面建成世界一流军队的新征程。

党的十九大以来，党中央和中央军委就国防和军队现代化作了新的战略筹划和安排。要坚持政治建军、改革强军、科技强军、人才强军、依法治军，全面推进军事理论、军队组织形态、军事人员、武器装备现代化，加快机械化信息化智能化融合发展，全面加强练兵备战，确保实现国防和军队现代化目标任务。

当前，世界百年未有之大变局加速演进，新冠肺炎疫情对国际格局产生深刻影响，我国安全形势不确定性不稳定性增大。世界新军事革命迅猛发展，为我们提供了难得机遇，同时也面临严峻挑战。要增强使命感和紧迫感，努力实现我军现代化建设跨越式发展。

要同国家发展布局相协调，贯彻新时代军事战略方针，贯彻我军现代化发展战略，拟制好我军建设"十四五"规划，形成科学的路线图、施工图。要坚持方向不变、道路不偏、力度不减，突出军事政策制度改革这个重点，统筹推进各项改革工作，不断解放和发展战斗力、解放和增强军队活力。要坚持自主创新战略基点，加强基础研究和原始创新，加快突破关键核心技术，加快发展战略性、前沿性、颠覆性技术，加快实施国防科技和武器装备重大战略工程，不断提高我军建设科技含量。要贯彻新时代军事教育方针，健全三位一体军事人才培养体系，创新军事人力资源管理，培养德才兼备的高素质、专业化新型军事人才，延揽各方面优秀人才投身强军事业。要更新管理理念，提高战略素养，健全制度机制，畅通战略管理链路，实质性推进军事管理革命，提高军事系统运行效能和国防资源使用效益。

要坚持全党全国一盘棋，军地合力推进国防和军队现代化。中央和国家机关、地方各级党委和政府要强化国防意识，认真落实担负的有关工作，在国防科技创新、国防工程建设、国防和军队改革等方面给予大力支持，在军人家属随军就业、子女入学入托、优抚政策落实和退役军人保障等方面积极排忧解难。军队要同中央和国家机关搞好沟通协调，共同把国防和军队建设推向前进。

在纪念中国人民抗日战争暨世界反法西斯战争胜利七十五周年座谈会上的讲话

（二〇二〇年九月三日）

习　近　平

同胞们，同志们，朋友们：

今天，我们在这里隆重集会，纪念中国人民抗日战争暨世界反法西斯战争胜利七十五周年。

七十五年前的今天，中国人民同世界人民一道，以顽强的意志和英勇的斗争，彻底打败了法西斯主义，取得了正义战胜邪恶、光明战胜黑暗、进步战胜反动的伟大胜利！

七十五年前的今天，中国人民经过十四年不屈不挠的浴血奋战，打败了穷凶极恶的日本军国主义侵略者，取得了中国人民抗日战争的伟大胜利！

这是近代以来中国人民反抗外敌入侵持续时间最长、规模最大、牺牲最多的民族解放斗争，也是第一次取得完全胜利的民族解放斗争。这个伟大胜利，是中华民族从近代以来陷入深重危机走向伟大复兴的历史转折点、也是世界反法西斯战争胜利的重要组成部分，是中国人民的胜利、也是世界人民的胜利。

中国人民抗日战争的伟大胜利，将永远铭刻在中华民族史册上！永远铭刻在人类正义事业史册上！

在这里，我代表中共中央、全国人大、国务院、全国政协、中央军委，向全国参加过抗日战争的老战士、老同志、爱国人士和抗日将领，向为中国人民抗日战争胜利建立了历史功勋的海内外中华儿女，致以崇高的敬意！向支援和帮助过中国人民抗日战争的外国政府和国际友人，表示衷心的感谢！向为了胜利而壮烈牺牲的所有英灵，向惨遭侵略者杀戮的死难者，表示深切的哀悼！

同胞们、同志们、朋友们！

中华文明生生不息五千多年，中国人民以非凡的创造力为人类文明进步作出了不可磨灭的贡献。但是，一八四〇年以后，由于列强的侵略和封建统治的腐朽，中国饱经沧桑磨难，中国人民遭受深重苦难。日本对华持续侵略是近代以来中国历史上最黑暗的一页，日本反动统治者一次次侵略中国，一八九四年挑起甲午战争，一八九五年侵占台湾和澎湖列岛，一九〇〇年伙同其他帝国主义列强侵入北京，一九〇四年发动日俄战争、侵犯中国东北领土和主权，一九一四年侵占青岛，一九一五年提出"二十一条"，一九三一年策动九一八事变、侵占中国东北全境，一九三五年制造华北事变，一九三七年七月七日以炮轰宛平县城和进攻卢沟桥为标志发动全面侵华战争，妄图变中国为其独占的殖民地，进而吞并亚洲、称霸世界。日本军国主义的野蛮侵略给中国人民造成空前巨大的灾难，激起了中国人民的顽强反抗。

九一八事变后，中国人民就在白山黑水间奋起抵抗，成为中国人民抗日战争的起点，同时揭开了世界反法西斯战争的序幕。七七事变后，抗击侵略、救亡图存成为中国各党派、各民族、各阶级、各阶层、各团体以及海外华侨华人的共同意志和行动，中国由此进入全民族抗战阶段，并开辟了世界反法西斯战争的东方主战场。

在艰苦卓绝的抗日战争中，全体中华儿女为国家生存而战、为民族复兴而战、为人类正义而战，社会动员之广泛，民族觉醒之深刻，战斗意志之顽强，必胜信念之坚定，都达到了空前的高度。杨靖宇、赵尚志、左权、彭雪枫、佟麟阁、赵登禹、张自忠、戴安澜等殉国将领，八路军"狼牙山五壮士"、新四军"刘老庄连"、东北抗联八位女战士、国民党军"八百壮士"等众多英雄群体，就是千千万万抗日将士的杰出代表。中国人民以铮铮铁骨战强敌、以血肉之躯筑长城、以前仆后继赴国难，谱写了惊天地、泣鬼神的雄壮史诗。

中国人民抗日战争的伟大胜利，彻底粉碎了日本军国主义殖民奴役中国的图谋，有力捍卫了国家主权和领土完整，彻底洗刷了近代以来抗击外来侵略屡战屡败的民族耻辱！

中国人民抗日战争的伟大胜利，重新确立了中国在世界上的大国地位，中国人民赢得了世界爱好和平人民的尊敬，中华民族赢得了崇高的民族声誉！

中国人民抗日战争的伟大胜利，坚定了中国人民追求民族独立、自由、解放的意志，开启了古老中国凤凰涅槃、浴火重生的历史新征程！

同胞们、同志们、朋友们！

——中国人民抗日战争胜利是以爱国主义为核心的民族精神的伟大胜利。爱国主义是我们民族精神的核心，是中国人民和中华民族同心同德、自强不息的精神纽带。面对国家和民族生死存亡，全体中华儿女同仇敌忾、众志成城，奏响了气吞山河的爱国主义壮歌。爱国主义是激励中国人民维护民族独立和民族尊严、在历史洪流中奋勇向前的强大精神动力，是驱动中华民族这艘航船乘风破浪、奋勇前行的强劲引擎，是引领中国人民和中华民族迸发排山倒海的历史伟力、战胜前进道路上一切艰难险阻的壮丽旗帜！

——中国人民抗日战争胜利是中国共产党发挥中流砥柱作用的伟大胜利。中国共产党自成立之日起就把实现中华民族伟大复兴作为自己的历史使命，捍卫民族独立最坚定，维护民族利益最坚决，反抗外来侵略最勇敢。在抗日战争时期，在民族危亡的历史关头，中国共产党以卓越的政治领导力和正确的战略策略，指引了中国抗战的前进方向，坚定不移推动全民族坚持抗战、团结、进步，反对妥协、分裂、倒退。中国共产党高举抗日民族统一战线的旗帜，坚决维护、巩固、发展统一战线，坚持独立自主、团结抗战，维护了团结抗战大局。中国共产党人勇敢战斗在抗日战争最前线，支撑起中华民族救亡图存的希望，成为全民族抗战的中流砥柱！

——中国人民抗日战争胜利是全民族众志成城奋勇抗战的伟大胜利。中国共产党坚持动员人民、依靠人民，推动形成了全民族抗战的历史洪流。毛泽东同志在全国抗战开始后就明确提出："我们主张全国人民总动员的完全的民族革命战争，或者叫作全面抗战。因为只有这种抗战，才是群众战争，才能达到保卫祖国的目的。"中国共产党坚持兵民是胜利之本，提出和实施持久战的战略总方针和一整套人民战争的战略战术，敌后根据地军民广泛开展伏击战、破袭战、地雷战、地道战、麻雀战等游击战的战术战法，使日本侵略者陷入了人民战争的汪洋大海之中。中国共产党领导开辟的敌后战场和国民党指挥的正面战场协力合作，形成了共同抗击日本侵略者的战略局面。中国人民抗日战争胜利是全体中华儿女勠力同心、以弱胜强的雄浑史诗，显示了中国人民和中华儿女坚不可摧的磅礴力量！

——中国人民抗日战争胜利是中国人民同反法西斯同盟国以及各国人民并肩战斗的伟大胜利。中国人民永远不会忘记，世界上爱好和平与正义的国家和人民、国际组织等各种反法西斯力量对中国人民抗日战争给予的宝贵援助和支持。苏联给予中国抗战有力的物资支持，美国"飞虎队"冒险开辟驼峰航线，朝鲜、越南、加拿大、印度、新西兰、波兰、丹麦以及德国、奥地利、罗马尼亚、保加利亚、日本等国的一大批反法西斯战士直接投身中国抗战。加拿大医生白求恩、印度医生柯棣华不远万里来华救死扶伤，法国医生贝熙叶开辟运输药品的自行车"驼峰航线"，德国的拉贝、丹麦的辛德贝格在南京大屠杀中千方百计保护中国难民，英国的林迈可、国际主义战士汉斯·希伯等记者积极报道和宣传中国抗战壮举。他们的感人事迹和崇高品格永远铭记在中国人民心中！

中国人民在抗日战争的壮阔进程中孕育出伟大抗战精神，向世界展示了天下兴亡、匹夫有责的爱国情怀，视死如归、宁死不屈的民族气节，不畏强暴、血战到底的英雄气概，百折不挠、坚忍不拔的必胜信念。伟大抗战精神，是中国人民弥足珍贵的精神财富，将永远激励中国人民克服一切艰难险阻、为实现中华民族伟大复兴而奋斗。

同胞们、同志们、朋友们！

中国和日本是近邻。保持中日长期和平友好关系，符合两国人民根本利益，符合维护亚洲和世界和平稳定的需要。在两国二千多年的交往历史上，和平友好是主流。中日友好关系发展到今天的水平，来之不易。我们应该以历史眼光和全球视野思考和谋划两国关系，坚持在相互尊重、求同存异基础上，积极推动构建携手合作、互利双赢的新格局，推动两国关系沿着正确轨道持续向前发展。

正确对待和深刻反省日本军国主义的侵略历史，是建立和发展中日关系的重要政治基础。日本军国主义惨无人道的侵略行径、令人发指的屠杀罪行、野蛮疯狂的掠夺破坏，给中国人民和广大亚洲国家人民带来了惨绝人寰的灾难。事实不容抹杀，也是抹杀不了的。任何否认侵略历史甚至美化侵略战争和殖民统治的言论，都不能不引起中国人民和亚洲国家人民的极大愤慨、严厉谴责、高度警惕。

前事不忘，后事之师。我们纪念中国人民抗日战争和世界反法西斯战争的胜利，谴责侵略者的残暴，强调牢记历史经验和教训，不是要延续仇恨，而是要唤起善良的人们对和平的向往和坚守，是要以史为鉴、面向未来，共同珍爱和平、维护和平，让中日两国人民世世代代友好下去，让世界各国人民永享和平安宁。

同胞们、同志们、朋友们！

中国人民抗日战争胜利七十五年来，中国发生了翻天覆地的变化。中国共产党团结带领全国各族人民发愤图强、艰苦创业，创造了举世瞩目的发展成就，成功开辟了中国特色社会主义道路，中国特色社会主义进入新时代，脱贫攻坚战、全面建成小康社会胜利在望，中华民族伟大复兴迎来了光明前景。全体中华儿女为之感到无比自豪！

我们也清醒认识到，在前进道路上，我们仍然会面临各种各样的风险挑战，会遇到各种各样的荆棘坎坷。我们要弘扬伟大抗战精神，以压倒一切困难而不为困难所压倒的决心和勇气，敢于斗争，善于创造，锲而不舍为实现中华民族伟大复兴而奋斗，直至取得最后的胜利。

——实现中华民族伟大复兴，必须坚持中国共产党领导。办好中国的事情，关键在党。只要我们深入了解中国近代以来的历史就不难发现，鸦片战争以后的很长时间里，中国呈现各自为政、一盘散沙的乱象，这是日本军国主义敢于发动全面侵华战争的重要原因。如果没有中国共产党领导，完成民族独立和解放的任务就可能拖得更久、付出的代价更大，我们的国家更不可能取得今天这样的发展成就、更不可能具有今天这样的国际地位。坚持党的全面领导，是国家和民族兴旺发达的根本所在，是全国各族人民幸福安康的根本所在。我们要聚精会神抓好党的建设，使我们党越来越成熟、越来越纯洁、越来越强大、越来越有战斗力。全国各党派、各团体、各民族、各阶层、各界人士要紧密团结在党中央周围，万众一心向前进。任何人任何势力企图歪曲中国共产党的历史、丑化中国共产党的性质和宗旨，中国人民都绝不答应！

——实现中华民族伟大复兴，必须坚持走中国特色社会主义道路。道路问题直接关系党和人民事业兴衰成败。中国特色社会主义道路是党和人民历经千辛万苦、克服千难万险取得的宝贵成果。中国特色社会主义道路，开拓于中国人民共同奋斗，扎根于中华大地，是给中国人民带来幸福安宁的正确道路。无论遇到什么风浪，在坚持中国特色社会主义道路这个根本问题上都要一以贯之，决不因各种杂音噪音而改弦更张。随着新时代坚持和发展中国特色社会主义的伟大实践不断向前，我们的道路必将越走越宽广，我们的制度必将越来越成熟。任何人任何势力企图歪曲和改变中国特色社会主义道路、否定和丑化中国人民建设社会主义的伟大成就，中国人民都绝不答应！

——实现中华民族伟大复兴，必须坚持以人民为中心。人民是历史的创造者，是决定党和国家前途命运的根本力量。中国共产党来自人民、植根人民，初心和使命是为中国人民谋幸福、为中华民族谋复兴，根本宗旨是全心全意为人民服务。我们要坚持一切为了人民、一切依靠人民，保持同人民的血肉联系，紧紧依靠人民开拓事业新局面，促进全体人民共同富裕。任何人任何势力企图把中国共产党和中国人民割裂开来、对立起来，中国人民都绝不答应！

——实现中华民族伟大复兴，必须坚持斗争精神。中国共产党和中国人民是在斗争中成长和壮大起来的，斗争精神贯穿于中国革命、建设、改革各个时期。我国正处于实现中华民族伟大复兴关键时期，改革发展正处在攻坚克难的重要阶段，在前进道路上，我们面临的重大斗争不会少。我们必须以越是艰险越向前的精神奋勇搏击、迎难而上。凡是危害中国共产党领导和我国社会主义制度的各种风险挑战，凡是危害我国主权、安全、发展利益的各种风险挑战，凡是危害我国核心利益和重大原则的各种风险挑战，凡是危害我国人民根本利益的各种风险挑战，凡是危害我国实现"两个一百年"奋斗目标、实现中华民族伟大复兴的各种风险挑战，只要来了，我们就必须进行坚决斗争，毫不动摇，毫不退缩，直至取得胜利。历史必将证明，中华民族走向伟大复兴的历史脚步是不可阻挡的。任何人任何势力企图通过霸凌手段把他们的意志强加给中国、改变中国的前进方向、阻挠中国人民创造自己美好生活的努力，中国人民都绝不答应！

——实现中华民族伟大复兴，必须坚定不移走和平发展道路。近代以后，中国人民遭受列强的侵略、凌辱、掠夺达百年以上，但中国人民不是从中学到弱肉强食的强盗逻辑，而是更加坚定了维护和平的决心。人类命运休戚与共，各国人民应该秉持"天下一家"理念，共同推动构建人类命运共同体。中国人民热爱和平、珍惜和平，把维护世界和平、反对霸权主义和强权政治作为自己的神圣职责，坚决反对动辄使用武力或以武力威胁处理国际争端，坚决反对打着所谓"民主"、"自由"、"人权"等幌子肆意干涉别国内政。中国人民将一如既往同各国人民携手努力，为创造人类美好未来而不懈奋斗。任何人任何势力企图破坏中国人民的和平生活和发展权利、破坏中国人民同其他国家人民的交流合作、破坏人类和平与发展的崇高事业，中国人民都绝不答应！

同胞们、同志们、朋友们！

鉴往事，知来者。全党全军全国各族人民，海内外所有中华儿女，要更加紧密地团结起来，弘扬伟大抗战精神，向着中华民族伟大复兴的光辉彼岸奋勇前进。这是对为夺取中国人民抗日战争胜利献出生命的所有先烈、对为中华民族独立和中国人民解放献出生命的所有英灵的最好告慰。

在纪念中国人民志愿军抗美援朝出国作战七十周年大会上的讲话

（二〇二〇年十月二十三日）

习 近 平

同志们，朋友们：

今天，我们在这里隆重集会，纪念中国人民志愿军抗美援朝出国作战七十周年。

七十年前，由中华优秀儿女组成的中国人民志愿军，肩负着人民的重托、民族的期望，高举保卫和平、反抗侵略的正义旗帜，雄赳赳、气昂昂，跨过鸭绿江，发扬伟大的爱国主义精神和革命英雄主义精神，同朝鲜人民和军队一道，历经两年零九个月艰苦卓绝的浴血奋战，赢得了抗美援朝战争伟大胜利。

伟大的抗美援朝战争，抵御了帝国主义侵略扩张，捍卫了新中国安全，保卫了中国人民和平生活，稳定了朝鲜半岛局势，维护了亚洲和世界和平。

抗美援朝战争伟大胜利，将永远铭刻在中华民族的史册上！永远铭刻在人类和平、发展、进步的史册上！

——七十年来，我们始终没有忘记老一辈革命家为维护国际正义、捍卫世界和平、保卫新生共和国所建立的不朽功勋，始终没有忘记党中央和毛泽东同志当年作出中国人民志愿军出国作战重大决策的深远意义。此时此刻，我们要向老一辈革命家，表示最深切的怀念！

——七十年来，我们始终没有忘记谱写了气壮山河英雄赞歌的中国人民志愿军将士，以及所有为这场战争胜利作出贡献的人们。我代表党中央、国务院和中央军委，向所有健在的中国人民志愿军老战士、老同志、伤残荣誉军人，向当年支援抗美援朝战争的全国各族人民特别是参战支前人员，向中国人民志愿军烈属、军属，致以最诚挚的问候！

——七十年来，我们始终没有忘记在抗美援朝战争中英勇牺牲的烈士们。十九万七千多名英雄儿女为了祖国、为了人民、为了和平献出了宝贵生命。烈士们的功绩彪炳千秋，烈士们的英名万古流芳！

在抗美援朝战争中，朝鲜党、政府、人民关心、爱护、支援中国人民志愿军，中朝两国人民和军队休戚与共、生死相依，用鲜血凝结成了伟大战斗友谊。世界上一切爱好和平的国家和人民、友好组织和友好人士，对中国人民志愿军入朝作战给予了有力支援和支持。我代表中国党、政府、军队，向他们表示衷心的感谢！

同志们、朋友们！

中华民族是爱好和平的民族，中国人民是爱好和平的人民。近代以后，中国人民饱受列强侵略之害、饱经战火蹂躏之苦，更是深深懂得战争的残酷、和平的宝贵。新中国成立之初，百废待兴，百业待举，中国人民无比渴望和平安宁。但是，中国人民的这个愿望却受到了粗暴挑战，帝国主义侵略者将战争强加在了中国人民头上。

一九五〇年六月二十五日，朝鲜内战爆发。美国政府从其全球战略和冷战思维出发，作出武装干涉朝鲜内战的决定，并派遣第七舰队侵入台湾海峡。一九五〇年十月初，美军不顾中国政府一再警告，悍然越过三八线，把战火烧到中朝边境。侵朝美军飞机多次轰炸中国东北边境地区，给人民生命财产造成严重损失，我国安全面临严重威胁。

值此危急关头，应朝鲜党和政府请求，中国党和政府以非凡气魄和胆略作出抗美援朝、保家卫国的历史性决策。一九五〇年十月十九日，中国人民志愿军在彭德怀司令员兼政治委员率领下进入朝鲜战场。这是以正义之师行正义之举。

抗美援朝战争，是在交战双方力量极其悬殊条件下进行的一场现代化战争。当时，中美两国国力相差巨大。在这样极不对称、极为艰难的情况下，中国人民志愿军同朝鲜军民密切配合，首战两水洞、激战云山城、会战清川江、鏖战长津湖等，连续进行五次战役，此后又构筑起铜墙铁壁般的纵深防御阵地，实施多次进攻战役，粉碎"绞杀战"、抵御"细菌战"、血战上甘岭，创造了威武雄壮的战争伟业。全国各族人民由衷称赞志愿军将士为"最可爱的人"！经过艰苦卓绝的战斗，中朝军队打败了武装到牙齿的对手，打破了美军不可战胜的神话，迫使不可一世的侵略者于一九五三年七月二十七日在停战协定上签字。

在抗美援朝战争期间，党中央统揽全局，实施有力的战争动员和正确的战争指导，采取边打、边稳、边建的方针，开展了波澜壮阔的抗美援朝运动，全国各族人民举国同心支撑起这场事关国家和民族前途命运的伟大抗争，最终用伟大胜利向世界宣告"西方侵略者几百年来只要在东方一个海岸上架起几尊大炮就可霸占一个国家的时代是一去不复返了"！

同志们、朋友们！

抗美援朝战争伟大胜利，是中国人民站起来后屹立于世界东方的宣言书，是中华民族走向伟大复兴的重要里程碑，对中国和世界都有着重大而深远的意义。

经此一战，中国人民粉碎了侵略者陈兵国门、进而将新中国扼杀在摇篮之中的图谋，可谓"打得一拳开，免得百拳来"，帝国主义再也不敢作出武力进犯新中国的尝试，新中国真正站稳了脚跟。这一战，拼来了山河无恙、家国安宁，充分展示了中国人民不畏强暴的钢铁意志！

经此一战，中国人民彻底扫除了近代以来任人宰割、仰人鼻息的百年耻辱，彻底扔掉了"东亚病夫"的帽子，中国人民真正扬眉吐气了。这一战，打出了中国人民的精气神，充分展示了中国人民万众一心的顽强品格！

经此一战，中国人民打败了侵略者，震动了全世界，奠定了新中国在亚洲和国际事务中的重要地位，彰显了新中国的大国地位。这一战，让全世界对中国刮目相看，充分展示了中国人民维护世界和平的坚定决心！

经此一战，人民军队在战争中学习战争，愈战愈勇，越打越强，取得了重要军事经验，实现了由单一军种向诸军兵种合成军队转变，极大促进了国防和军队现代化。这一战，人民军队战斗力威震世界，充分展示了敢打必胜的血性铁骨！

经此一战，第二次世界大战结束后亚洲乃至世界的战略格局得到深刻塑造，全世界被压迫民族和人民争取民族独立和人民解放的正义事业受到极大鼓舞，有力推动了世界和平与人类进步事业。它用铁一般的事实告诉世人，任何一个国家、任何一支军队，不论多么强大，如果站在世界发展潮流的对立面，恃强凌弱、倒行逆施、侵略扩张，必然会碰得头破血流。这一战，再次证明正义必定战胜强权，和平发展是不可阻挡的历史潮流！

同志们、朋友们！

在波澜壮阔的抗美援朝战争中，英雄的中国人民志愿军始终发扬祖国和人民利益高于一切、为了祖国和民族的尊严而奋不顾身的爱国主义精神，英勇顽强、舍生忘死的革命英雄主义精神，不畏艰难困苦、始终保持高昂士气的革命乐观主义精神，为完成祖国和人民赋予的使命、慷慨奉献自己一切的革命忠诚精神，为了人类和平与正义事业而奋斗的国际主义精神，锻造了伟大抗美援朝精神。

伟大抗美援朝精神跨越时空、历久弥新，必须永续传承、世代发扬。

——无论时代如何发展，我们都要砥砺不畏强暴、反抗强权的民族风骨。七十年前，帝国主义侵略者将战火烧到了新中国的家门口。中国人民深知，对待侵略者，就得用他们听得懂的语言同他们对话，这就是以战止战、以武止戈，用胜利赢得和平、赢得尊重。中国人民不惹事也不怕事，在任何困难和风险面前，腿肚子不会抖，腰杆子不会弯，中华民族是吓不倒、压不垮的！

——无论时代如何发展，我们都要汇聚万众一心、勠力同心的民族力量。在抗美援朝战争中，中国人民在爱国主义旗帜感召下，同仇敌忾、同心协力，让世界见证了蕴含在中国人民之中的磅礴力量，让世界知道了"现在中国人民已经组织起来了，是惹不得的。如果惹翻了，是不好办的"！

——无论时代如何发展，我们都要锻造舍生忘死、向死而生的民族血性。在朝鲜战场上，志愿军将士面对强大而凶狠的作战对手，身处恶劣而残酷的战场环境，抛头颅、洒热血，以"钢少气多"力克"钢多气少"，谱写了惊天地、泣鬼神的雄壮史诗。志愿军将士冒着枪林弹雨勇敢冲锋，顶着狂轰滥炸坚守阵地，用胸膛堵枪眼，以身躯作人梯，抱起炸药包、手握爆破筒冲入敌群，忍饥受冻绝不退缩，烈火烧身岿然不动，敢于"空中拼刺刀"。在他们中涌现出杨根思、黄继光、邱少云等三十多万名英雄功臣和近六千个功臣集体。英雄们说：我们的身后就是祖国，为了祖国人民的和平，我们不能后退一步！这种血性令敌人胆寒，让天地动容！

——无论时代如何发展，我们都要激发守正创新、奋勇向前的民族智慧。勇于创新者进，善于创造者胜。志愿军将士面对陌生的战场、陌生的敌人，坚持"你打你的，我打我的，你打原子弹，我打手榴弹"，把灵活机动战略战术发挥得淋漓尽致。面对来自各方面的风险挑战，面对各种阻力压力，中国人民总能逢山开路、遇水架桥，总能展现大智大勇、锐意开拓进取，"杀出一条血路"！

同志们、朋友们！

抗美援朝战争胜利六十多年来，在中国共产党坚强领导下，中国发生了前所未有的历史巨变，中国特色社会主义进入了新时代，中华民族迎来了从站起来、富起来到强起来的伟大飞跃。

今天，我们正站在实现"两个一百年"奋斗目标的历史交汇点上，全面建成小康社会胜利在望，全面建设社会主义现代化国家前景光明。前进道路不会一帆风顺。我们要铭记抗美援朝战争的艰辛历程和伟大胜利，敢于斗争、善于斗争，知难而进、坚韧向前，把新时代中国特色社会主义伟大事业不断推向前进。

——铭记伟大胜利，推进伟大事业，必须坚持中国共产党领导，把党锻造得更加坚强有力。抗美援朝战争伟大胜利再次证明，没有任何一支政治力量能像中国共产党这样，为了民族复兴、人民幸福，不惜流血牺牲，不懈努力奋斗，团结凝聚亿万群众不断走向胜利。只要我们不忘初心、牢记使命，以自我革命精神全面推进党的建设新的伟大工程，不断增强党的政治领导力、思想引领力、群众组织力、社会号召力，就一定能够使党始终成为中国人民最可靠、最坚强的主心骨！

——铭记伟大胜利，推进伟大事业，必须坚持以人民为中心，一切为了人民、一切依靠人民。历史是人民创造的。中国共产党的力量，人民军队的力量，根基在人民。我们要坚持全心全意为人民服务的根本宗旨，为民谋利，为民尽责，为民担当，把人民对美好生活的向往作为始终不渝的奋斗目标，始终保持党同人民群众的血肉联系。只要我们始终坚持人民立场、人民至上，就一定能够激发出无往而不胜的强大力量，就一定能够不断书写中华民族伟大复兴的精彩华章！

——铭记伟大胜利，推进伟大事业，必须坚持推进经济社会发展，不断壮大我国综合国力。落后就要挨打，发展才能自强。新中国成立七十多年来，我国用几十年时间走完了发达国家几百年走过的发展历程，创造了举世瞩目的发展奇迹。当前，我国将进入新发展阶段，面对新机遇新挑战，只要我们统筹推进"五位一体"总体布局、协调推进"四个全面"战略布局，坚定不移贯彻新发展理念，构建新发展格局，就一定能够实现更高质量、更有效率、更加公平、更可持续、更为安全的发展，不断创造让世界惊叹的更大奇迹！

——铭记伟大胜利，推进伟大事业，必须加快推进国防和军队现代化，把人民军队全面建成世界一流军队。没有一支强大的军队，就不可能有强大的祖国。坚持和发展中国特色社会主义，必须统筹发展和安全、富国和强军。要贯彻新时代党的强军思想，贯彻新时代军事战略方针，毫不动摇坚持党对人民军队的绝对领导，坚持政治建军、改革强军、科技强军、人才强军、依法治军，全面提高捍卫国家主权、安全、发展利益的战略能力，更好履行新时代人民军队使命任务。只要我们与时俱进加强国防和军队建设，向着党在新时代的强军目标阔步前行，就一定能够为实现中华民族伟大复兴提供更为坚强的战略支撑！

——铭记伟大胜利，推进伟大事业，必须维护世界和平和正义，推动构建人类命运共同体。中华民族历来秉持"亲仁善邻"的理念。作为负责任大国，中国坚守和平、发展、公平、正义、民主、自由的全人类共同价值，坚持共商共建共享的全球治理观，坚定不移走和平发展、开放发展、合作发展、共同发展道路。只要坚持走和平发展道路，同各国人民一道推动构建人类命运共同体，就一定能够迎来人类和平与发展的美好未来！

同志们、朋友们！

世界是各国人民的世界，世界面临的困难和挑战需要各国人民同舟共济、携手应对，和平发展、合作共赢才是人间正道。当今世界，任何单边主义、保护主义、极端利己主义，都是根本行不通的！任何讹诈、封锁、极限施压的方式，都是根本行不通的！任何我行我素、唯我独尊的行径，任何搞霸权、霸道、霸凌的行径，都是根本行不通的！不仅根本行不通，最终必然是死路一条！

中国一贯奉行防御性国防政策，中国军队始终是维护世界和平的坚定力量。中国永远不称霸、不扩张，坚决反对霸权主义和强权政治。我们决不会坐视国家主权、安全、发展利益受损，决不会允许任何人任何势力侵犯和分裂祖国的神圣领土。一旦发生这样的严重情况，中国人民必将予以迎头痛击！

同志们、朋友们！

回望七十年前伟大的抗美援朝战争，进行具有许多新的历史特点的伟大斗争，瞻望中华民族伟大复兴的光明前景，我们无比坚定、无比自信。让我们更加紧密地团结在党中央周围，弘扬伟大抗美援朝精神，雄赳赳、

气昂昂，向着全面建设社会主义现代化国家新征程，向
着实现中华民族伟大复兴的中国梦，继续奋勇前进！

加快国防和军队现代化，
实现富国和强军相统一[*]

（二〇二〇年十月二十九日）

贯彻习近平强军思想，贯彻新时代军事战略方针，坚持党对人民军队的绝对领导，坚持政治建军、改革强军、科技强军、人才强军、依法治军，加快机械化信息化智能化融合发展，全面加强练兵备战，提高捍卫国家主权、安全、发展利益的战略能力，确保二〇二七年实现建军百年奋斗目标。

53. 提高国防和军队现代化质量效益。加快军事理论现代化，与时俱进创新战争和战略指导，健全新时代军事战略体系，发展先进作战理论。加快军队组织形态现代化，深化国防和军队改革，推进军事管理革命，加快军兵种和武警部队转型建设，壮大战略力量和新域新质作战力量，打造高水平战略威慑和联合作战体系，加强军事力量联合训练、联合保障、联合运用。加快军事

＊ 这是中国共产党第十九届中央委员会第五次全体会议通过的《中共中央关于制定国民经济和社会发展第十四个五年规划和二〇三五年远景目标的建议》的第十四部分。

人员现代化，贯彻新时代军事教育方针，完善三位一体新型军事人才培养体系，锻造高素质专业化军事人才方阵。加快武器装备现代化，聚力国防科技自主创新、原始创新，加速战略性前沿性颠覆性技术发展，加速武器装备升级换代和智能化武器装备发展。

54. 促进国防实力和经济实力同步提升。同国家现代化发展相协调，搞好战略层面筹划，深化资源要素共享，强化政策制度协调，构建一体化国家战略体系和能力。推动重点区域、重点领域、新兴领域协调发展，集中力量实施国防领域重大工程。优化国防科技工业布局，加快标准化通用化进程。完善国防动员体系，健全强边固防机制，强化全民国防教育，巩固军政军民团结。

全面加强实战化军事训练，全面提高训练水平和打赢能力*

（二〇二〇年十一月二十五日）

习　近　平

全军要贯彻新时代党的强军思想，贯彻新时代军事战略方针，坚持聚焦备战打仗，坚持实战实训、联战联训、科技强训、依法治训，发扬优良传统，强化改革创新，加快构建新型军事训练体系，全面提高训练水平和打赢能力，为实现党在新时代的强军目标、把我军全面建成世界一流军队提供坚强支撑。

军事训练是部队经常性中心工作，是生成和提高战斗力的基本途径，是最直接的军事斗争准备，对于确保部队能打仗、打胜仗，对于提高部队全面建设水平具有十分重要的意义。

党的十八大以来，党中央和中央军委坚定不移推进实战化军事训练，推动全军坚持把军事训练摆在战略位

---

* 这是习近平同志在中央军委军事训练会议上讲话的要点。

置，重点推进实战实训，深入推进联战联训，大力推进训练领域改革创新，广泛推进群众性练兵比武。我军军事训练在紧贴实战、服务实战方面向前迈出了一大步，解决了一些长期存在的突出矛盾和问题，支撑了备战打仗能力提升和各项重大任务完成。

当前，我国安全环境、军事斗争态势、我军使命任务、现代战争形态、我军组织形态、国防和军队现代化目标任务都发生新变化，我军军事训练进入了全方位变革、整体性提升的新阶段。要把握新时代新形势新任务新要求，增强忧患意识，强化使命担当，加快实现军事训练转型升级。

要加强战略谋划和顶层设计，扎实推进军事训练转型。要强化战训一致，坚持以战领训、以训促战，做到按实战要求训练，实现作战和训练一体化。要强化联合训练，坚持以联为纲，发展我军特色联合训练体系，加速提升一体化联合作战能力。要强化训练管理，优化管理模式和流程，加强相关法规制度和标准手段建设，提高全周期、精细化训练管理水平。要强化科技练兵，增强官兵科技素养，加强新装备新力量新领域训练，发展先进训练手段和方法，大幅提高训练科技含量。要强化训练保障，优化布局、完善要素、创新方式，构设逼真练兵环境，加快构建高水平训练保障体系。要强化人才支撑，贯彻新时代军事教育方针，发挥院校教育、部队训练实践、军事职业教育综合育人功能，培养大批练兵备战行家里手。要尊重官兵主体地位，发扬军事民主，鼓励创新创造，把广大官兵练兵热情激发出来、练兵智慧凝聚起来。要在艰苦严格的训练中、在近似实战的环境中、在严峻复杂的军事斗争中摔打和锻炼部队，引导官兵坚定理想信念、磨砺战斗意志、锤炼战斗作风，始终保持一不怕苦、二不怕死的顽强战斗精神。

要加强党对军事训练工作的领导。各级党委要提高政治站位，强化政治担当，兢兢业业抓好军事训练工作。要围绕实战抓训练，推动形成有利于加强练兵备战的工作导向、用人导向、政策导向、舆论导向。要建立严格的训练责任制，层层传导压力，逐级压实责任。要提高党委议战议训质量，改进训练指导和工作方式，增强抓训练的科学性和实效性。要深入纠治训练中的形式主义、官僚主义，实现训练作风根本好转。各级特别是高级指挥员要集中精力研究军事、研究战争、研究打仗，懂作战、会指挥、善组训、真抓训，练就过硬本领，带出过硬部队。

抓好军事训练是全军共同的责任，军委要加强统一领导，军委机关有关部门要搞好统筹协调，各方面要履职尽责。中央和国家机关、地方各级党委和政府要在训练场地建设、训练资源保障、训练伤残抚恤、演训任务矛盾化解等方面给予有力支持，共同把我军练兵备战水平搞上去。

中华人民共和国国防法

（一九九七年三月十四日第八届全国人民代表大会第五次会议通过，根据二〇〇九年八月二十七日第十一届全国人民代表大会常务委员会第十次会议《关于修改部分法律的决定》修正，二〇二〇年十二月二十六日第十三届全国人民代表大会常务委员会第二十四次会议修订）

目　录

第一章　总　　则

第一条　为了建设和巩固国防，保障改革开放和社会主义现代化建设的顺利进行，实现中华民族伟大复兴，根据宪法，制定本法。

第二条　国家为防备和抵抗侵略，制止武装颠覆和分裂，保卫国家主权、统一、领土完整、安全和发展利益所进行的军事活动，以及与军事有关的政治、经济、外交、科技、教育等方面的活动，适用本法。

第三条　国防是国家生存与发展的安全保障。

国家加强武装力量建设，加强边防、海防、空防和其他重大安全领域防卫建设，发展国防科研生产，普及全民国防教育，完善国防动员体系，实现国防现代化。

第四条　国防活动坚持以马克思列宁主义、毛泽东思想、邓小平理论、"三个代表"重要思想、科学发展观、习近平新时代中国特色社会主义思想为指导，贯彻习近平强军思想，坚持总体国家安全观，贯彻新时代军事战略方针，建设与我国国际地位相称、与国家安全和发展利益相适应的巩固国防和强大武装力量。

第五条　国家对国防活动实行统一的领导。

第六条　中华人民共和国奉行防御性国防政策，独立自主、自力更生地建设和巩固国防，实行积极防御，坚持全民国防。

国家坚持经济建设和国防建设协调、平衡、兼容发展，依法开展国防活动，加快国防和军队现代化，实现富国和强军相统一。

第七条　保卫祖国、抵抗侵略是中华人民共和国每一个公民的神圣职责。

中华人民共和国公民应当依法履行国防义务。

一切国家机关和武装力量、各政党和各人民团体、企业事业组织、社会组织和其他组织，都应当支持和依法参与国防建设，履行国防职责，完成国防任务。

第八条　国家和社会尊重、优待军人，保障军人的地位和合法权益，开展各种形式的拥军优属活动，让军人成为全社会尊崇的职业。

中国人民解放军和中国人民武装警察部队开展拥政爱民活动，巩固军政军民团结。

第九条　中华人民共和国积极推进国际军事交流与合作，维护世界和平，反对侵略扩张行为。

第十条　对在国防活动中作出贡献的组织和个人，依照有关法律、法规的规定给予表彰和奖励。

第十一条　任何组织和个人违反本法和有关法律，拒绝履行国防义务或者危害国防利益的，依法追究法律责任。

公职人员在国防活动中，滥用职权、玩忽职守、徇私舞弊的，依法追究法律责任。

第二章 国家机构的国防职权

第十二条 全国人民代表大会依照宪法规定，决定战争和和平的问题，并行使宪法规定的国防方面的其他职权。

全国人民代表大会常务委员会依照宪法规定，决定战争状态的宣布，决定全国总动员或者局部动员，并行使宪法规定的国防方面的其他职权。

第十三条 中华人民共和国主席根据全国人民代表大会的决定和全国人民代表大会常务委员会的决定，宣布战争状态，发布动员令，并行使宪法规定的国防方面的其他职权。

第十四条 国务院领导和管理国防建设事业，行使下列职权：

（一）编制国防建设的有关发展规划和计划；

（二）制定国防建设方面的有关政策和行政法规；

（三）领导和管理国防科研生产；

（四）管理国防经费和国防资产；

（五）领导和管理国民经济动员工作和人民防空、国防交通等方面的建设和组织实施工作；

（六）领导和管理拥军优属工作和退役军人保障工作；

（七）与中央军事委员会共同领导民兵的建设，征兵工作，边防、海防、空防和其他重大安全领域防卫的管理工作；

（八）法律规定的与国防建设事业有关的其他职权。

第十五条　中央军事委员会领导全国武装力量，行使下列职权：

（一）统一指挥全国武装力量；

（二）决定军事战略和武装力量的作战方针；

（三）领导和管理中国人民解放军、中国人民武装警察部队的建设，制定规划、计划并组织实施；

（四）向全国人民代表大会或者全国人民代表大会常务委员会提出议案；

（五）根据宪法和法律，制定军事法规，发布决定和命令；

（六）决定中国人民解放军、中国人民武装警察部队的体制和编制，规定中央军事委员会机关部门、战区、军兵种和中国人民武装警察部队等单位的任务和职责；

（七）依照法律、军事法规的规定，任免、培训、考核和奖惩武装力量成员；

（八）决定武装力量的武器装备体制，制定武器装备发展规划、计划，协同国务院领导和管理国防科研生产；

（九）会同国务院管理国防经费和国防资产；

（十）领导和管理人民武装动员、预备役工作；

（十一）组织开展国际军事交流与合作；

（十二）法律规定的其他职权。

第十六条　中央军事委员会实行主席负责制。

第十七条　国务院和中央军事委员会建立协调机制，解决国防事务的重大问题。

中央国家机关与中央军事委员会机关有关部门可以根据情况召开会议，协调解决有关国防事务的问题。

第十八条　地方各级人民代表大会和县级以上地方各级人民代表大会常务委员会在本行政区域内，保证有关国防事务的法律、法规的遵守和执行。

地方各级人民政府依照法律规定的权限，管理本行政区域内的征兵、民兵、国民经济动员、人民防空、国防交通、国防设施保护，以及退役军人保障和拥军优属等工作。

第十九条　地方各级人民政府和驻地军事机关根据需要召开军地联席会议，协调解决本行政区域内有关国防事务的问题。

军地联席会议由地方人民政府的负责人和驻地军事机关的负责人共同召集。军地联席会议的参加人员由会议召集人确定。

军地联席会议议定的事项，由地方人民政府和驻地军事机关根据各自职责和任务分工办理，重大事项应当分别向上级报告。

第三章　武装力量

第二十条　中华人民共和国的武装力量属于人民。它的任务是巩固国防，抵抗侵略，保卫祖国，保卫人民的和平劳动，参加国家建设事业，全心全意为人民服务。

第二十一条　中华人民共和国的武装力量受中国共产党领导。武装力量中的中国共产党组织依照中国共产党章程进行活动。

第二十二条　中华人民共和国的武装力量，由中国人民解放军、中国人民武装警察部队、民兵组成。

中国人民解放军由现役部队和预备役部队组成，在新时代的使命任务是为巩固中国共产党领导和社会主义制度，为捍卫国家主权、统一、领土完整，为维护国家海外利益，为促进世界和平与发展，提供战略支撑。现役部队是国家的常备军，主要担负防卫作战任务，按照规定执行非战争军事行动任务。预备役部队按照规定进行军事训练、执行防卫作战任务和非战争军事行动任务；根据国家发布的动员令，由中央军事委员会下达命令转为现役部队。

中国人民武装警察部队担负执勤、处置突发社会安全事件、防范和处置恐怖活动、海上维权执法、抢险救援和防卫作战以及中央军事委员会赋予的其他任务。

民兵在军事机关的指挥下，担负战备勤务、执行非战争军事行动任务和防卫作战任务。

第二十三条 中华人民共和国的武装力量必须遵守宪法和法律。

第二十四条 中华人民共和国武装力量建设坚持走中国特色强军之路，坚持政治建军、改革强军、科技强军、人才强军、依法治军，加强军事训练，开展政治工作，提高保障水平，全面推进军事理论、军队组织形态、军事人员和武器装备现代化，构建中国特色现代作战体系，全面提高战斗力，努力实现党在新时代的强军目标。

第二十五条 中华人民共和国武装力量的规模应当与保卫国家主权、安全、发展利益的需要相适应。

第二十六条 中华人民共和国的兵役分为现役和预备役。军人和预备役人员的服役制度由法律规定。

中国人民解放军、中国人民武装警察部队依照法律规定实行衔级制度。

第二十七条 中国人民解放军、中国人民武装警察部队在规定岗位实行文职人员制度。

第二十八条 中国人民解放军军旗、军徽是中国人民解放军的象征和标志。中国人民武装警察部队旗、徽是中国人民武装警察部队的象征和标志。

公民和组织应当尊重中国人民解放军军旗、军徽和中国人民武装警察部队旗、徽。

中国人民解放军军旗、军徽和中国人民武装警察部队旗、徽的图案、样式以及使用管理办法由中央军事委员会规定。

第二十九条 国家禁止任何组织或者个人非法建立武装组织，禁止非法武装活动，禁止冒充军人或者武装力量组织。

第四章 边防、海防、空防和其他重大安全领域防卫

第三十条 中华人民共和国的领陆、领水、领空神圣不可侵犯。国家建设强大稳固的现代边防、海防和空防，采取有效的防卫和管理措施，保卫领陆、领水、领空的安全，维护国家海洋权益。

国家采取必要的措施，维护在太空、电磁、网络空间等其他重大安全领域的活动、资产和其他利益的安全。

第三十一条 中央军事委员会统一领导边防、海防、空防和其他重大安全领域的防卫工作。

中央国家机关、地方各级人民政府和有关军事机关，按照规定的职权范围，分工负责边防、海防、空防和其他重大安全领域的管理和防卫工作，共同维护国家的安全和利益。

第三十二条 国家根据边防、海防、空防和其他重大安全领域防卫的需要，加强防卫力量建设，建设作战、指挥、通信、测控、导航、防护、交通、保障等国

防设施。各级人民政府和军事机关应当依照法律、法规的规定，保障国防设施的建设，保护国防设施的安全。

第五章　国防科研生产和军事采购

第三十三条　国家建立和完善国防科技工业体系，发展国防科研生产，为武装力量提供性能先进、质量可靠、配套完善、便于操作和维修的武器装备以及其他适用的军用物资，满足国防需要。

第三十四条　国防科技工业实行军民结合、平战结合、军品优先、创新驱动、自主可控的方针。

国家统筹规划国防科技工业建设，坚持国家主导、分工协作、专业配套、开放融合，保持规模适度、布局合理的国防科研生产能力。

第三十五条　国家充分利用全社会优势资源，促进国防科学技术进步，加快技术自主研发，发挥高新技术在武器装备发展中的先导作用，增加技术储备，完善国防知识产权制度，促进国防科技成果转化，推进科技资源共享和协同创新，提高国防科研能力和武器装备技术水平。

第三十六条　国家创造有利的环境和条件，加强国防科学技术人才培养，鼓励和吸引优秀人才进入国防科研生产领域，激发人才创新活力。

国防科学技术工作者应当受到全社会的尊重。国家逐步提高国防科学技术工作者的待遇，保护其合法权益。

第三十七条　国家依法实行军事采购制度，保障武装力量所需武器装备和物资、工程、服务的采购供应。

第三十八条　国家对国防科研生产实行统一领导和计划调控；注重发挥市场机制作用，推进国防科研生产和军事采购活动公平竞争。

国家为承担国防科研生产任务和接受军事采购的组织和个人依法提供必要的保障条件和优惠政策。地方各级人民政府应当依法对承担国防科研生产任务和接受军事采购的组织和个人给予协助和支持。

承担国防科研生产任务和接受军事采购的组织和个人应当保守秘密，及时高效完成任务，保证质量，提供相应的服务保障。

国家对供应武装力量的武器装备和物资、工程、服务，依法实行质量责任追究制度。

第六章　国防经费和国防资产

第三十九条　国家保障国防事业的必要经费。国防经费的增长应当与国防需求和国民经济发展水平相适应。

国防经费依法实行预算管理。

第四十条　国家为武装力量建设、国防科研生产和其他国防建设直接投入的资金、划拨使用的土地等资源，以及由此形成的用于国防目的的武器装备和设备设施、物资器材、技术成果等属于国防资产。

国防资产属于国家所有。

第四十一条　国家根据国防建设和经济建设的需要，确定国防资产的规模、结构和布局，调整和处分国防资产。

国防资产的管理机构和占有、使用单位，应当依法管理国防资产，充分发挥国防资产的效能。

第四十二条　国家保护国防资产不受侵害，保障国防资产的安全、完整和有效。

禁止任何组织或者个人破坏、损害和侵占国防资产。未经国务院、中央军事委员会或者国务院、中央军事委员会授权的机构批准，国防资产的占有、使用单位不得改变国防资产用于国防的目的。国防资产中的技术成果，在坚持国防优先、确保安全的前提下，可以根据国家有关规定用于其他用途。

国防资产的管理机构或者占有、使用单位对不再用于国防目的的国防资产，应当按照规定报批，依法改作其他用途或者进行处置。

第七章　国防教育

第四十三条　国家通过开展国防教育，使全体公民增强国防观念、强化忧患意识、掌握国防知识、提高国防技能、发扬爱国主义精神，依法履行国防义务。

普及和加强国防教育是全社会的共同责任。

第四十四条 国防教育贯彻全民参与、长期坚持、讲求实效的方针，实行经常教育与集中教育相结合、普及教育与重点教育相结合、理论教育与行为教育相结合的原则。

第四十五条 国防教育主管部门应当加强国防教育的组织管理，其他有关部门应当按照规定的职责做好国防教育工作。

军事机关应当支持有关机关和组织开展国防教育工作，依法提供有关便利条件。

一切国家机关和武装力量、各政党和各人民团体、企业事业组织、社会组织和其他组织，都应当组织本地区、本部门、本单位开展国防教育。

学校的国防教育是全民国防教育的基础。各级各类学校应当设置适当的国防教育课程，或者在有关课程中增加国防教育的内容。普通高等学校和高中阶段学校应当按照规定组织学生军事训练。

公职人员应当积极参加国防教育，提升国防素养，发挥在全民国防教育中的模范带头作用。

第四十六条 各级人民政府应当将国防教育纳入国民经济和社会发展计划，保障国防教育所需的经费。

第八章　国防动员和战争状态

第四十七条　中华人民共和国的主权、统一、领土完整、安全和发展利益遭受威胁时，国家依照宪法和法律规定，进行全国总动员或者局部动员。

第四十八条　国家将国防动员准备纳入国家总体发展规划和计划，完善国防动员体制，增强国防动员潜力，提高国防动员能力。

第四十九条　国家建立战略物资储备制度。战略物资储备应当规模适度、储存安全、调用方便、定期更换，保障战时的需要。

第五十条　国家国防动员领导机构、中央国家机关、中央军事委员会机关有关部门按照职责分工，组织国防动员准备和实施工作。

一切国家机关和武装力量、各政党和各人民团体、企业事业组织、社会组织、其他组织和公民，都必须依照法律规定完成国防动员准备工作；在国家发布动员令后，必须完成规定的国防动员任务。

第五十一条　国家根据国防动员需要，可以依法征收、征用组织和个人的设备设施、交通工具、场所和其他财产。

县级以上人民政府对被征收、征用者因征收、征用所造成的直接经济损失，按照国家有关规定给予公平、合理的补偿。

第五十二条 国家依照宪法规定宣布战争状态，采取各种措施集中人力、物力和财力，领导全体公民保卫祖国、抵抗侵略。

第九章 公民、组织的国防义务和权利

第五十三条 依照法律服兵役和参加民兵组织是中华人民共和国公民的光荣义务。

各级兵役机关和基层人民武装机构应当依法办理兵役工作，按照国务院和中央军事委员会的命令完成征兵任务，保证兵员质量。有关国家机关、人民团体、企业事业组织、社会组织和其他组织，应当依法完成民兵和预备役工作，协助完成征兵任务。

第五十四条 企业事业组织和个人承担国防科研生产任务或者接受军事采购，应当按照要求提供符合质量标准的武器装备或者物资、工程、服务。

企业事业组织和个人应当按照国家规定在与国防密切相关的建设项目中贯彻国防要求，依法保障国防建设和军事行动的需要。车站、港口、机场、道路等交通设施的管理、运营单位应当为军人和军用车辆、船舶的通行提供优先服务，按照规定给予优待。

第五十五条 公民应当接受国防教育。

公民和组织应当保护国防设施，不得破坏、危害国

防设施。

公民和组织应当遵守保密规定，不得泄露国防方面的国家秘密，不得非法持有国防方面的秘密文件、资料和其他秘密物品。

第五十六条　公民和组织应当支持国防建设，为武装力量的军事训练、战备勤务、防卫作战、非战争军事行动等活动提供便利条件或者其他协助。

国家鼓励和支持符合条件的公民和企业投资国防事业，保障投资者的合法权益并依法给予政策优惠。

第五十七条　公民和组织有对国防建设提出建议的权利，有对危害国防利益的行为进行制止或者检举的权利。

第五十八条　民兵、预备役人员和其他公民依法参加军事训练，担负战备勤务、防卫作战、非战争军事行动等任务时，应当履行自己的职责和义务；国家和社会保障其享有相应的待遇，按照有关规定对其实行抚恤优待。

公民和组织因国防建设和军事活动在经济上受到直接损失的，可以依照国家有关规定获得补偿。

第十章　军人的义务和权益

第五十九条　军人必须忠于祖国，忠于中国共产党，履行职责，英勇战斗，不怕牺牲，捍卫祖国的安全、荣誉和利益。

第六十条　军人必须模范地遵守宪法和法律，遵守军事法规，执行命令，严守纪律。

第六十一条　军人应当发扬人民军队的优良传统，热爱人民，保护人民，积极参加社会主义现代化建设，完成抢险救灾等任务。

第六十二条　军人应当受到全社会的尊崇。

国家建立军人功勋荣誉表彰制度。

国家采取有效措施保护军人的荣誉、人格尊严，依照法律规定对军人的婚姻实行特别保护。

军人依法履行职责的行为受法律保护。

第六十三条　国家和社会优待军人。

国家建立与军事职业相适应、与国民经济发展相协调的军人待遇保障制度。

第六十四条　国家建立退役军人保障制度，妥善安置退役军人，维护退役军人的合法权益。

第六十五条　国家和社会抚恤优待残疾军人，对残疾军人的生活和医疗依法给予特别保障。

因战、因公致残或者致病的残疾军人退出现役后，县级以上人民政府应当及时接收安置，并保障其生活不低于当地的平均生活水平。

第六十六条　国家和社会优待军人家属，抚恤优待烈士家属和因公牺牲、病故军人的家属。

第十一章　对外军事关系

第六十七条　中华人民共和国坚持互相尊重主权和领土完整、互不侵犯、互不干涉内政、平等互利、和平共处五项原则，维护以联合国为核心的国际体系和以国际法为基础的国际秩序，坚持共同、综合、合作、可持续的安全观，推动构建人类命运共同体，独立自主地处理对外军事关系，开展军事交流与合作。

第六十八条　中华人民共和国遵循以联合国宪章宗旨和原则为基础的国际关系基本准则，依照国家有关法律运用武装力量，保护海外中国公民、组织、机构和设施的安全，参加联合国维和、国际救援、海上护航、联演联训、打击恐怖主义等活动，履行国际安全义务，维护国家海外利益。

第六十九条　中华人民共和国支持国际社会实施的有利于维护世界和地区和平、安全、稳定的与军事有关的活动，支持国际社会为公正合理地解决国际争端以及国际军备控制、裁军和防扩散所做的努力，参与安全领域多边对话谈判，推动制定普遍接受、公正合理的国际规则。

第七十条　中华人民共和国在对外军事关系中遵守同外国、国际组织缔结或者参加的有关条约和协定。

第十二章 附 则

第七十一条 本法所称军人，是指在中国人民解放军服现役的军官、军士、义务兵等人员。

本法关于军人的规定，适用于人民武装警察。

第七十二条 中华人民共和国特别行政区的防务，由特别行政区基本法和有关法律规定。

第七十三条 本法自二〇二一年一月一日起施行。

紧紧围绕我军建设"十四五"规划布局谋划和推进工作[*]

（二〇二一年三月九日）

习 近 平

今年是中国共产党建党一百周年，是"十四五"开局、全面建设社会主义现代化国家新征程开启之年，也是国防和军队现代化新"三步走"起步之年。全军要强化责任担当、弘扬实干精神，抓好常态化疫情防控，扎实做好各项工作，确保实现"十四五"良好开局，以优异成绩迎接建党一百周年。

在新冠肺炎疫情突如其来、国内外形势错综复杂的情况下，全军贯彻党中央和中央军委决策部署，有力抗击疫情，加强练兵备战，持续深化改革，狠抓规划落实，基本实现国防和军队建设二〇二〇年目标任务，出色完成党和人民赋予的各项任务。

要深刻领会党中央和中央军委决心意图，聚焦实现

---

* 这是习近平同志在出席十三届全国人大四次会议解放军和武警部队代表团全体会议时讲话的要点。

建军一百年奋斗目标，紧紧围绕我军建设"十四五"规划布局谋划和推进工作。要坚持以战领建，加强战建统筹，抓紧推进战略性、引领性、基础性重大工程，加快打造高水平战略威慑和联合作战体系。要增强责任感、紧迫感、主动性，把我军建设年度计划安排的各项工作往前赶、往实里抓，确保早日落地见效。

要强化创新驱动，以更大力度、更实举措加快科技自立自强，充分发挥科技对我军建设战略支撑作用。要紧跟科技强国建设进程，优化国防科技创新布局和环境条件，用好用足各方面优势力量和资源，大幅提升国防科技创新能力和水平。要按照既定部署扎实推进国防和军队改革，不断释放改革效能。创新的根本在人才。要加强战略谋划、创新思路理念，拿出务实举措，把我军人才工作向前推进一大步。

要加强战略管理，优化项目论证方式和立项审批流程，加强重大项目统筹调控。要强化规划计划权威性和执行力，严格责任体系、时间节点、质量标准，加大评估和监管力度，督促规划任务高效落实。要推进我军现代资产管理体系建设，把资产盘活用好，提高管理使用效益。

中央和国家机关、地方各级党委和政府要认真落实党和国家部署要求，把担负的国防建设领域职责履行好。要发扬军爱民、民拥军光荣传统，巩固和发展军政军民团结，汇聚强国兴军强大力量。

当前我国安全形势不稳定性不确定性较大，全军要统筹好建设和备战关系，做好随时应对各种复杂困难局面的准备，坚决维护国家主权、安全、发展利益，为全面建设社会主义现代化国家提供坚强支撑。

中华人民共和国军人地位和权益保障法

（二〇二一年六月十日第十三届全国人民代表大会常务委员会第二十九次会议通过）

目　录

第一章　总　　则

第一条　为了保障军人地位和合法权益，激励军人履行职责使命，让军人成为全社会尊崇的职业，促进国防和军队现代化建设，根据宪法，制定本法。

第二条 本法所称军人，是指在中国人民解放军服现役的军官、军士、义务兵等人员。

第三条 军人肩负捍卫国家主权、安全、发展利益和保卫人民的和平劳动的神圣职责和崇高使命。

第四条 军人是全社会尊崇的职业。国家和社会尊重、优待军人，保障军人享有与其职业特点、担负职责使命和所做贡献相称的地位和权益，经常开展各种形式的拥军优属活动。

一切国家机关和武装力量、各政党和群团组织、企业事业单位、社会组织和其他组织都有依法保障军人地位和权益的责任，全体公民都应当依法维护军人合法权益。

第五条 军人地位和权益保障工作，坚持中国共产党的领导，以服务军队战斗力建设为根本目的，遵循权利与义务相统一、物质保障与精神激励相结合、保障水平与国民经济和社会发展相适应的原则。

第六条 中央军事委员会政治工作部门、国务院退役军人工作主管部门以及中央和国家有关机关、中央军事委员会有关部门按照职责分工做好军人地位和权益保障工作。

县级以上地方各级人民政府负责本行政区域内有关军人地位和权益保障工作。军队团级以上单位政治工作部门负责本单位的军人地位和权益保障工作。

省军区（卫戍区、警备区）、军分区（警备区）和县、自治县、市、市辖区的人民武装部，负责所在行政区域人民政府与军队单位之间军人地位和权益保障方面的联系协调工作，并根据需要建立工作协调机制。

乡镇人民政府、街道办事处、基层群众性自治组织应当按照职责做好军人地位和权益保障工作。

第七条　军人地位和权益保障所需经费，由中央和地方按照事权和支出责任相适应的原则列入预算。

第八条　中央和国家有关机关、县级以上地方人民政府及其有关部门、军队各级机关，应当将军人地位和权益保障工作情况作为拥军优属、拥政爱民等工作评比和有关单位负责人以及工作人员考核评价的重要内容。

第九条　国家鼓励和引导群团组织、企业事业单位、社会组织、个人等社会力量依法通过捐赠、志愿服务等方式为军人权益保障提供支持，符合规定条件的，依法享受税收优惠等政策。

第十条　每年八月一日为中国人民解放军建军节。各级人民政府和军队单位应当在建军节组织开展庆祝、纪念等活动。

第十一条　对在军人地位和权益保障工作中做出突出贡献的单位和个人，按照国家有关规定给予表彰、奖励。

第二章　军人地位

第十二条　军人是中国共产党领导的国家武装力量基本成员，必须忠于祖国，忠于中国共产党，听党指挥，坚决服从命令，认真履行巩固中国共产党的领导和社会主义制度的重要职责使命。

第十三条　军人是人民子弟兵，应当热爱人民，全心全意为人民服务，保卫人民生命财产安全，当遇到人民群众生命财产受到严重威胁时，挺身而出、积极救助。

第十四条　军人是捍卫国家主权、统一、领土完整的坚强力量，应当具备巩固国防、抵抗侵略、保卫祖国所需的战斗精神和能力素质，按照实战要求始终保持戒备状态，苦练杀敌本领，不怕牺牲，能打胜仗，坚决完成任务。

第十五条　军人是中国特色社会主义现代化建设的重要力量，应当积极投身全面建设社会主义现代化国家的事业，依法参加突发事件的应急救援和处置工作。

第十六条　军人享有宪法和法律规定的政治权利，依法参加国家权力机关组成人员选举，依法参加管理国家事务、管理经济和文化事业、管理社会事务。

第十七条　军队实行官兵一致，军人之间在政治和人格上一律平等，应当互相尊重、平等对待。

军队建立健全军人代表会议、军人委员会等民主制度，保障军人知情权、参与权、建议权和监督权。

第十八条　军人必须模范遵守宪法和法律，认真履行宪法和法律规定的公民义务，严格遵守军事法规、军队纪律，作风优良，带头践行社会主义核心价值观。

第十九条　国家为军人履行职责提供保障，军人依法履行职责的行为受法律保护。

军人因执行任务给公民、法人或者其他组织的合法权益造成损害的，按照有关规定由国家予以赔偿或者补偿。

公民、法人和其他组织应当为军人依法履行职责提供必要的支持和协助。

第二十条　军人因履行职责享有的特定权益、承担的特定义务，由本法和有关法律法规规定。

第三章　荣誉维护

第二十一条　军人荣誉是国家、社会对军人献身国防和军队建设、社会主义现代化建设的褒扬和激励，是鼓舞军人士气、提升军队战斗力的精神力量。

国家维护军人荣誉，激励军人崇尚和珍惜荣誉。

第二十二条　军队加强爱国主义、集体主义、革命英雄主义教育，强化军人的荣誉意识，培育有灵魂、有本事、有血性、有品德的新时代革命军人，锻造具有铁一般信仰、铁一般信念、铁一般纪律、铁一般担当的过硬部队。

第二十三条　国家采取多种形式的宣传教育、奖励激励和保障措施，培育军人的职业使命感、自豪感和荣誉感，激发军人建功立业、报效国家的积极性、主动性、创造性。

第二十四条　全社会应当学习中国人民解放军光荣

历史，宣传军人功绩和牺牲奉献精神，营造维护军人荣誉的良好氛围。

各级各类学校设置的国防教育课程中，应当包括中国人民解放军光荣历史、军人英雄模范事迹等内容。

第二十五条 国家建立健全军人荣誉体系，通过授予勋章、荣誉称号和记功、嘉奖、表彰、颁发纪念章等方式，对做出突出成绩和贡献的军人给予功勋荣誉表彰，褒扬军人为国家和人民做出的奉献和牺牲。

第二十六条 军人经军队单位批准可以接受地方人民政府、群团组织和社会组织等授予的荣誉，以及国际组织和其他国家、军队等授予的荣誉。

第二十七条 获得功勋荣誉表彰的军人享受相应礼遇和待遇。军人执行作战任务获得功勋荣誉表彰的，按照高于平时的原则享受礼遇和待遇。

获得功勋荣誉表彰和执行作战任务的军人的姓名和功绩，按照规定载入功勋簿、荣誉册、地方志等史志。

第二十八条 中央和国家有关机关、地方和军队各级有关机关，以及广播、电视、报刊、互联网等媒体，应当积极宣传军人的先进典型和英勇事迹。

第二十九条 国家和社会尊崇、铭记为国家、人民、民族牺牲的军人，尊敬、礼遇其遗属。

国家建立英雄烈士纪念设施供公众瞻仰，悼念缅怀英雄烈士，开展纪念和教育活动。

国家推进军人公墓建设。军人去世后，符合规定条件的可以安葬在军人公墓。

第三十条　国家建立军人礼遇仪式制度。在公民入伍、军人退出现役等时机，应当举行相应仪式；在烈士和因公牺牲军人安葬等场合，应当举行悼念仪式。

各级人民政府应当在重大节日和纪念日组织开展走访慰问军队单位、军人家庭和烈士、因公牺牲军人、病故军人的遗属等活动，在举行重要庆典、纪念活动时邀请军人、军人家属和烈士、因公牺牲军人、病故军人的遗属代表参加。

第三十一条　地方人民政府应当为军人和烈士、因公牺牲军人、病故军人的遗属的家庭悬挂光荣牌。军人获得功勋荣誉表彰，由当地人民政府有关部门和军事机关给其家庭送喜报，并组织做好宣传工作。

第三十二条　军人的荣誉和名誉受法律保护。

军人获得的荣誉由其终身享有，非因法定事由、非经法定程序不得撤销。

任何组织和个人不得以任何方式诋毁、贬损军人的荣誉，侮辱、诽谤军人的名誉，不得故意毁损、玷污军人的荣誉标识。

第四章　待遇保障

第三十三条　国家建立军人待遇保障制度，保证军人履行职责使命，保障军人及其家庭的生活水平。

对执行作战任务和重大非战争军事行动任务的军人，以及在艰苦边远地区、特殊岗位工作的军人，待遇保障从优。

第三十四条　国家建立相对独立、特色鲜明、具有比较优势的军人工资待遇制度。军官和军士实行工资制度，义务兵实行供给制生活待遇制度。军人享受个人所得税优惠政策。

国家建立军人工资待遇正常增长机制。

军人工资待遇的结构、标准及其调整办法，由中央军事委员会规定。

第三十五条　国家采取军队保障、政府保障与市场配置相结合，实物保障与货币补贴相结合的方式，保障军人住房待遇。

军人符合规定条件的，享受军队公寓住房或者安置住房保障。

国家建立健全军人住房公积金制度和住房补贴制度。军人符合规定条件购买住房的，国家给予优惠政策支持。

第三十六条　国家保障军人按照规定享受免费医疗和疾病预防、疗养、康复等待遇。

军人在地方医疗机构就医所需费用，符合规定条件的，由军队保障。

第三十七条　国家实行体现军人职业特点、与社会保险制度相衔接的军人保险制度，适时补充军人保险项目，保障军人的保险待遇。

国家鼓励和支持商业保险机构为军人及其家庭成员提供专属保险产品。

第三十八条　军人享有年休假、探亲假等休息休假的权利。对确因工作需要未休假或者未休满假的，给予经济补偿。

军人配偶、子女与军人两地分居的，可以前往军人所在部队探亲。军人配偶前往部队探亲的，其所在单位应当按照规定安排假期并保障相应的薪酬待遇，不得因其享受探亲假期而辞退、解聘或者解除劳动关系。符合规定条件的军人配偶、未成年子女和不能独立生活的成年子女的探亲路费，由军人所在部队保障。

第三十九条　国家建立健全军人教育培训体系，保障军人的受教育权利，组织和支持军人参加专业和文化学习培训，提高军人履行职责的能力和退出现役后的就业创业能力。

第四十条　女军人的合法权益受法律保护。军队应当根据女军人的特点，合理安排女军人的工作任务和休息休假，在生育、健康等方面为女军人提供特别保护。

第四十一条　国家对军人的婚姻给予特别保护，禁止任何破坏军人婚姻的行为。

第四十二条　军官和符合规定条件的军士，其配偶、未成年子女和不能独立生活的成年子女可以办理随军落户；符合规定条件的军人父母可以按照规定办理随子女落户。夫妻双方均为军人的，其子女可以选择父母中的一方随军落户。

军人服现役所在地发生变动的，已随军的家属可以随迁落户，或者选择将户口迁至军人、军人配偶原户籍所在地或者军人父母、军人配偶父母户籍所在地。

地方人民政府有关部门、军队有关单位应当及时高效地为军人家属随军落户办理相关手续。

第四十三条　国家保障军人、军人家属的户籍管理和相关权益。

公民入伍时保留户籍。

符合规定条件的军人，可以享受服现役所在地户籍人口在教育、养老、医疗、住房保障等方面的相关权益。

军人户籍管理和相关权益保障办法，由国务院和中央军事委员会规定。

第四十四条　国家对依法退出现役的军人，依照退役军人保障法律法规的有关规定，给予妥善安置和相应优待保障。

第五章　抚恤优待

第四十五条　国家和社会尊重军人、军人家庭为国防和军队建设做出的奉献和牺牲，优待军人、军人家属，抚恤优待烈士、因公牺牲军人、病故军人的遗属，保障残疾军人的生活。

国家建立抚恤优待保障体系，合理确定抚恤优待标准，逐步提高抚恤优待水平。

第四十六条　军人家属凭有关部门制发的证件享受法律法规规定的优待保障。具体办法由国务院和中央军事委员会有关部门制定。

第四十七条　各级人民政府应当保障抚恤优待对象享受公民普惠待遇，同时享受相应的抚恤优待待遇。

第四十八条　国家实行军人死亡抚恤制度。

军人死亡后被评定为烈士的，国家向烈士遗属颁发烈士证书，保障烈士遗属享受规定的烈士褒扬金、抚恤金和其他待遇。

军人因公牺牲、病故的，国家向其遗属颁发证书，保障其遗属享受规定的抚恤金和其他待遇。

第四十九条　国家实行军人残疾抚恤制度。

军人因战、因公、因病致残的，按照国家有关规定评定残疾等级并颁发证件，享受残疾抚恤金和其他待遇，符合规定条件的以安排工作、供养、退休等方式妥善安置。

第五十条　国家对军人家属和烈士、因公牺牲军人、病故军人的遗属予以住房优待。

军人家属和烈士、因公牺牲军人、病故军人的遗属，符合规定条件申请保障性住房的，或者居住农村且住房困难的，由当地人民政府优先解决。

烈士、因公牺牲军人、病故军人的遗属符合前款规定情形的，当地人民政府给予优惠。

第五十一条　公立医疗机构应当为军人就医提供优待服务。军人家属和烈士、因公牺牲军人、病故军人的遗属，在军队医疗机构和公立医疗机构就医享受医疗优待。

国家鼓励民营医疗机构为军人、军人家属和烈士、因公牺牲军人、病故军人的遗属就医提供优待服务。

国家和社会对残疾军人的医疗依法给予特别保障。

第五十二条　国家依法保障军人配偶就业安置权益。机关、群团组织、企业事业单位、社会组织和其他组织，应当依法履行接收军人配偶就业安置的义务。

军人配偶随军前在机关或者事业单位工作的，由安置地人民政府按照有关规定安排到相应的工作单位；在其他单位工作或者无工作单位的，由安置地人民政府提供就业指导和就业培训，优先协助就业。烈士、因公牺牲军人的遗属和符合规定条件的军人配偶，当地人民政府应当优先安排就业。

第五十三条　国家鼓励有用工需求的用人单位优先安排随军家属就业。国有企业在新招录职工时，应当按照用工需求的适当比例聘用随军家属；有条件的民营企业在新招录职工时，可以按照用工需求的适当比例聘用随军家属。

第五十四条　国家鼓励和扶持军人配偶自主就业、自主创业。军人配偶从事个体经营的，按照国家有关优惠政策给予支持。

第五十五条　国家对军人子女予以教育优待。地方各级人民政府及其有关部门应当为军人子女提供当地优质教育资源，创造接受良好教育的条件。

军人子女入读公办义务教育阶段学校和普惠性幼儿园，可以在本人、父母、祖父母、外祖父母或者其他法定监护人户籍所在地，或者父母居住地、部队驻地入学，享受当地军人子女教育优待政策。

军人子女报考普通高中、中等职业学校，同等条件下优先录取；烈士、因公牺牲军人的子女和符合规定条件的军人子女，按照当地军人子女教育优待政策享受录取等方面的优待。

因公牺牲军人的子女和符合规定条件的军人子女报考高等学校，按照国家有关规定优先录取；烈士子女享受加分等优待。

烈士子女和符合规定条件的军人子女按照规定享受奖学金、助学金和有关费用免除等学生资助政策。

国家鼓励和扶持具备条件的民办学校，为军人子女和烈士、因公牺牲军人的子女提供教育优待。

第五十六条　军人家属和烈士、因公牺牲军人、病故军人的遗属，符合规定条件申请在国家兴办的光荣院、优抚医院集中供养、住院治疗、短期疗养的，享受优先、优惠待遇；申请到公办养老机构养老的，同等条件下优先安排。

第五十七条　军人、军人家属和烈士、因公牺牲军人、病故军人的遗属，享受参观游览公园、博物馆、纪念馆、展览馆、名胜古迹以及文化和旅游等方面的优先、优惠服务。

军人免费乘坐市内公共汽车、电车、轮渡和轨道交通工具。军人和烈士、因公牺牲军人、病故军人的遗属，以及与其随同出行的家属，乘坐境内运行的火车、轮船、长途公共汽车以及民航班机享受优先购票、优先乘车（船、机）等服务，残疾军人享受票价优惠。

第五十八条　地方人民政府和军队单位对因自然灾害、意外事故、重大疾病等原因，基本生活出现严重困难的军人家庭，应当给予救助和慰问。

第五十九条　地方人民政府和军队单位对在未成年子女入学入托、老年人养老等方面遇到困难的军人家庭，应当给予必要的帮扶。

国家鼓励和支持企业事业单位、社会组织和其他组织以及个人为困难军人家庭提供援助服务。

第六十条　军人、军人家属和烈士、因公牺牲军人、病故军人遗属的合法权益受到侵害的，有权向有关国家机关和军队单位提出申诉、控告。负责受理的国家机关和军队单位，应当依法及时处理，不得推诿、拖延。依法向人民法院提起诉讼的，人民法院应当优先立案、审理和执行，人民检察院可以支持起诉。

第六十一条　军人、军人家属和烈士、因公牺牲军人、病故军人的遗属维护合法权益遇到困难的，法律援助机构应当依法优先提供法律援助，司法机关应当依法优先提供司法救助。

第六十二条　侵害军人荣誉、名誉和其他相关合法权益，严重影响军人有效履行职责使命，致使社会公共利益受到损害的，人民检察院可以根据民事诉讼法、行政诉讼法的相关规定提起公益诉讼。

第六章　法律责任

第六十三条　国家机关及其工作人员、军队单位及其工作人员违反本法规定，在军人地位和权益保障工作中滥用职权、玩忽职守、徇私舞弊的，由其所在单位、主管部门或者上级机关责令改正；对负有责任的领导人员和直接责任人员，依法给予处分。

第六十四条　群团组织、企业事业单位、社会组织和其他组织违反本法规定，不履行优待义务的，由有关部门责令改正；对直接负责的主管人员和其他直接责任人员，依法给予处分。

第六十五条　违反本法规定，通过大众传播媒介或者其他方式，诋毁、贬损军人荣誉，侮辱、诽谤军人名誉，或者故意毁损、玷污军人的荣誉标识的，由公安、文化和旅游、新闻出版、电影、广播电视、网信或者其他有关主管部门依据各自的职权责令改正，并依法予以处理；造成精神损害的，受害人有权请求精神损害赔偿。

第六十六条　冒领或者以欺诈、伪造证明材料等手段骗取本法规定的相关荣誉、待遇或者抚恤优待的，由有关部门予以取消，依法给予没收违法所得等行政处罚。

第六十七条　违反本法规定，侵害军人的合法权益，造成财产损失或者其他损害的，依法承担民事责任。

违反本法规定，构成违反治安管理行为的，依法给予治安管理处罚；构成犯罪的，依法追究刑事责任。

第七章　附　　则

第六十八条　本法所称军人家属，是指军人的配偶、父母（扶养人）、未成年子女、不能独立生活的成年子女。

本法所称烈士、因公牺牲军人、病故军人的遗属，是指烈士、因公牺牲军人、病故军人的配偶、父母（扶养人）、子女，以及由其承担抚养义务的兄弟姐妹。

第六十九条　中国人民武装警察部队服现役的警官、警士和义务兵等人员，适用本法。

第七十条　省、自治区、直辖市可以结合本地实际情况，根据本法制定保障军人地位和权益的具体办法。

第七十一条　本法自二〇二一年八月一日起施行。

以史为鉴、开创未来，
必须加快国防和军队现代化[*]

（二〇二一年七月一日）

习　近　平

以史为鉴、开创未来，必须加快国防和军队现代化。强国必须强军，军强才能国安。坚持党指挥枪、建设自己的人民军队，是党在血与火的斗争中得出的颠扑不破的真理。人民军队为党和人民建立了不朽功勋，是保卫红色江山、维护民族尊严的坚强柱石，也是维护地区和世界和平的强大力量。

新的征程上，我们必须全面贯彻新时代党的强军思想，贯彻新时代军事战略方针，坚持党对人民军队的绝对领导，坚持走中国特色强军之路，全面推进政治建军、改革强军、科技强军、人才强军、依法治军，把人民军队建设成为世界一流军队，以更强大的能力、更可靠的手段捍卫国家主权、安全、发展利益！

---

* 这是习近平同志在庆祝中国共产党成立一百周年大会上讲话的一部分。

确保如期实现建军一百年奋斗目标[*]

（二○二一年七月三十日）

习　近　平

实现建军一百年奋斗目标，是党中央和中央军委把握强国强军时代要求作出的重大决策，是关系国家安全和发展全局的重大任务，是国防和军队现代化新“三步走”十分紧要的一步。要坚定决心意志，增强紧迫意识，埋头苦干实干，确保如期实现既定目标。

回顾党的百年奋斗历程，坚持党指挥枪、建设自己的人民军队，是党在血与火的斗争中得出的重大结论。在革命、建设、改革各个历史时期，党领导人民军队牢记初心使命，永葆性质宗旨，一路披荆斩棘，取得一个又一个辉煌胜利，为党和人民建立了不朽功勋。坚持党对人民军队绝对领导，朝着党指引的方向奋勇前进，人民军队就能不断发展壮大，党和人民事业就有了坚强力量支撑。

---

*　这是习近平同志主持中共十九届中央政治局第三十二次集体学习时讲话的要点。

强国必须强军，军强才能国安。党的十八大以来，党中央和中央军委就加快国防和军队现代化作出一系列战略谋划和部署，引领全军开创了强军事业新局面。在全面建设社会主义现代化国家、实现第二个百年奋斗目标的历史进程中，必须把国防和军队建设摆在更加重要的位置，加快建设巩固国防和强大军队。

我军建设"十四五"规划对实现建军一百年奋斗目标作了战略部署。要强化规划权威性和执行力，搞好科学统筹，抓好重点任务，加快工作进度，保证工作质量，推动战略能力加速生成。要坚持以战领建，强化战建统筹，做好军事斗争准备，形成战、建、备一体推进的良好局面。

推进实现建军一百年奋斗目标，是关系我军建设全局的一场深刻变革。要加强创新突破，转变发展理念、创新发展模式、增强发展动能，确保高质量发展。要推进高水平科技自立自强，加快关键核心技术攻关，加快战略性、前沿性、颠覆性技术发展，发挥科技创新对我军建设战略支撑作用。要适应世界军事发展趋势和我军战略能力发展需求，坚持不懈把国防和军队改革向纵深推进。要抓住战略管理这个重点，推进军事管理革命，提高军事系统运行效能和国防资源使用效益。要加强战略谋划，创新思路举措，推动军事人员能力素质、结构布局、开发管理全面转型升级，加快壮大人才队伍。

实现建军一百年奋斗目标，是我军的责任，也是全党全国的责任。中央和国家机关、地方各级党委和政府要强化国防观念，贯彻改革要求，履行好国防建设领域应尽职责。要在经济社会发展布局中充分考虑军事布局需求，在重大基础设施建设中刚性落实国防要求，在战备训练重大工程建设等方面给予有力支持，在家属随军就业、军人子女入学、退役军人安置、优抚政策落实等方面积极排忧解难。

推动新时代国防和军队建设
取得历史性成就、发生历史性变革[*]

（二○二一年十一月十一日）

改革开放以后，人民军队革命化现代化正规化水平不断提高，国防实力日益增强，为国家改革发展稳定提供了可靠安全保障。党中央强调，强国必须强军、军强才能国安，必须建设同我国国际地位相称、同国家安全和发展利益相适应的巩固国防和强大人民军队。

党提出新时代的强军目标，确立新时代军事战略方针，制定到二○二七年实现建军一百年奋斗目标、到二○三五年基本实现国防和军队现代化、到本世纪中叶全面建成世界一流军队的国防和军队现代化新"三步走"战略，推进政治建军、改革强军、科技强军、人才强军、依法治军，加快军事理论现代化、军队组织形态现代化、军事人员现代化、武器装备现代化，加快机械化信息化智能化融合发展，全面加强练兵备战，坚持走中

---

* 本篇节自中国共产党第十九届中央委员会第六次全体会议通过的《中共中央关于党的百年奋斗重大成就和历史经验的决议》的第四部分"开创中国特色社会主义新时代"。

国特色强军之路。

建设强大人民军队，首要的是毫不动摇坚持党对人民军队绝对领导的根本原则和制度，坚持人民军队最高领导权和指挥权属于党中央和中央军委，全面深入贯彻军委主席负责制。有一个时期，人民军队党的领导弱化问题突出，如果不彻底解决，不仅影响战斗力，而且事关党指挥枪这一重大政治原则。党中央和中央军委狠抓全面从严治军，果断决策整肃人民军队政治纲纪，在古田召开全军政治工作会议，对新时代政治建军作出部署，恢复和发扬我党我军光荣传统和优良作风，以整风精神推进政治整训，全面加强军队党的领导和党的建设，深入推进军队党风廉政建设和反腐败斗争，坚决查处郭伯雄、徐才厚、房峰辉、张阳等严重违纪违法案件并彻底肃清其流毒影响，推动人民军队政治生态根本好转。

党提出改革强军战略，领导开展新中国成立以来最为广泛、最为深刻的国防和军队改革，重构人民军队领导指挥体制、现代军事力量体系、军事政策制度，裁减现役员额三十万，形成了军委管总、战区主战、军种主建新格局。面对世界新军事革命，我们实施科技强军战略，建设创新型人民军队，建设强大的现代化后勤，国防科技和武器装备建设取得重大进展。实施人才强军战略，确立新时代军事教育方针，明确军队好干部标准，推动构建三位一体新型军事人才培养体系，培养有灵魂、有本事、有血性、有品德的新时代革命军人，锻造具有铁一般信仰、铁一般信念、铁一般纪律、铁一般担当的过硬部队。贯彻依法治军战略，构建中国特色军事法治体系，加快治军方式根本性转变。推进军人荣誉体系建设。

党提出新时代人民军队使命任务，创新军事战略指导，调整优化军事战略布局，强化人民军队塑造态势、管控危机、遏制战争、打赢战争的战略功能。人民军队紧紧扭住战斗力这个唯一的根本的标准，扭住能打仗、打胜仗这个根本指向，壮大战略力量和新域新质作战力量，加强联合作战指挥体系和能力建设，大力纠治"和平积弊"，大抓实战化军事训练，建设强大稳固的现代边海空防，坚定灵活开展军事斗争，有效应对外部军事挑衅，震慑"台独"分裂行径，遂行边防斗争、海上维权、反恐维稳、抢险救灾、抗击疫情、维和护航、人道主义救援和国际军事合作等重大任务。

党的十八大以来，在党的坚强领导下，人民军队实现整体性革命性重塑、重整行装再出发，国防实力和经济实力同步提升，一体化国家战略体系和能力加快构建，建立健全退役军人管理保障体制，国防动员更加高效，军政军民团结更加巩固。人民军队坚决履行新时代使命任务，以顽强斗争精神和实际行动捍卫了国家主权、安全、发展利益。

深入实施新时代人才强军战略[*]

（二〇二一年十一月二十六日）

习　近　平

　　强军之道，要在得人。人才是推动我军高质量发展、赢得军事竞争和未来战争主动的关键因素，对实现党在新时代的强军目标、把我军全面建成世界一流军队具有重大现实意义和深远历史意义。要贯彻中央人才工作会议精神，深入实施新时代人才强军战略，确保为实现建军一百年奋斗目标提供坚实支撑，人才总体水平跻身世界强国军队前列。

　　党的十九届六中全会全面总结了我们党百年奋斗重大成就和历史经验，强调要坚持党管人才原则，深入实施新时代人才强国战略，加快建设世界重要人才中心和创新高地，聚天下英才而用之。要结合全会精神学习贯彻，全面做好新时代人才强军各项工作。

　　党的十八大以来，党中央和中央军委实施人才强军战略，坚持人才工作正确政治方向，聚焦备战打仗培养

――――――――――

　　* 这是习近平同志在中央军委人才工作会议上讲话的要点。

人才，加强军事人员现代化建设布局，深化军事人力资源政策制度改革，推动人才领域开放融合，我军人才工作取得历史性成就。

世界百年未有之大变局加速演变，新一轮科技革命和军事革命日新月异，我军正按照国防和军队现代化新"三步走"战略安排、向实现建军一百年奋斗目标迈进，全军要增强深入实施新时代人才强军战略的使命感和紧迫感，科学谋划，抓紧行动，全方位加强人才工作，更好发挥人才对强军事业的引领和支撑作用。

实施新时代人才强军战略，要贯彻新时代党的强军思想，贯彻新时代军事战略方针，贯彻国防和军队现代化战略安排，聚焦实现建军一百年奋斗目标，推动军事人员能力素质、结构布局、开发管理全面转型升级，锻造德才兼备的高素质、专业化新型军事人才，确保军事人员现代化取得重大进展，关键领域人才发展取得重大突破。实施新时代人才强军战略，必须把党对军队绝对领导贯彻到人才工作各方面和全过程，必须把能打仗、打胜仗作为人才工作出发点和落脚点，必须面向世界军事前沿、面向国家安全重大需求、面向国防和军队现代化，必须全方位培养用好人才，必须深化军事人力资源政策制度改革，必须贯彻人才强国战略。

实施新时代人才强军战略，要统筹全局、突出重点，全面推进人才培养、使用、评价、服务、支持、激励等各项工作，以重点突破带动整体提升。要在党和国家人才工作大盘子中谋划推进我军人才工作，坚持军事需求导向，搞好规划对接、政策对接、工作对接，形成我军人才工作高效推进的良好局面。

政治标准是我军人才第一位的标准，政治要求是对我军人才最根本的要求。要牢牢把住政治关，加强思想政治建设，做好铸魂育人和政治考察工作，确保培养和使用的人才政治上绝对过硬。

要坚持走好人才自主培养之路，坚持军队培养为主、多种方式相结合，形成具有我军特色的人才培养和使用模式，提高备战打仗人才供给能力和水平。要下大气力强化科技素养，提高打赢现代战争实际本领。要贯彻新时代军事教育方针，落实院校优先发展战略，加快建设一流军事院校、培养一流军事人才。要加强实践历练，鼓励引导官兵在火热军事实践中经风雨、见世面、壮筋骨、长才干。

要用好用活各方面人才，坚持以用为本，精准高效配置军事人力资源，确保人才得到最佳配置、发挥最大效能。要坚持分类施策，抓好联合作战指挥人才、新型作战力量人才、高层次科技创新人才、高水平战略管理人才培养使用，发挥好军士和文职人员作用。

要把握军事人才成长规律，把握各类人才发展特点要求，创新管理理念和方式方法，加强专业化、精细化、科学化管理。要推进军事人力资源政策制度体系优化，加强政策制度配套建设。要在全军营造信任人才、尊重人才、支持人才、关爱人才浓厚氛围，把广大人才干事创业积极性、主动性、创造性充分激发出来。

军委要加强对人才工作的领导，各级党委要履行好主体责任。领导干部特别是高级干部要有强烈的人才意识，当好新时代的伯乐。中央和国家机关、地方各级党委和政府要支持军队做好人才工作，齐心协力把强军事业不断推向前进。

贯彻依法治军战略，
提高国防和军队建设法治化水平[*]

（二〇二二年三月七日）

习　近　平

依法治军是我们党建军治军的基本方式，是实现党在新时代的强军目标的必然要求。要贯彻依法治军战略，提高国防和军队建设法治化水平，为推进强军事业提供坚强法治保障。

过去的一年，全军坚决贯彻党中央和中央军委决策指示，边斗争、边备战、边建设，实现了"十四五"良好开局，为党和国家事业发展提供了有力支撑。

党的十八大以来，党中央把依法治军纳入全面依法治国总盘子，党的十八届四中全会对依法治军作出重要部署，中央军委专门制定新形势下深入推进依法治军从严治军的决定。经过这些年不懈努力，依法治军实践取得重大进展。党的十九届六中全会提出要贯彻依法治军

---

* 这是习近平同志在出席十三届全国人大五次会议解放军和武警部队代表团全体会议时讲话的要点。

战略，这是党中央把握新时代建军治军特点规律、从强军事业全局出发作出的重要决策部署。

要全面把握依法治军战略。要贯彻新时代党的强军思想，贯彻新时代中国特色社会主义法治思想，着眼于全面加强我军革命化现代化正规化建设，构建中国特色军事法治体系，加快治军方式根本性转变，提高国防和军队建设法治化水平。要坚持党对军队绝对领导，坚持战斗力标准，坚持建设中国特色军事法治体系，坚持按照法治要求转变治军方式，坚持从严治军铁律，坚持抓住领导干部这个"关键少数"，坚持官兵主体地位，坚持贯彻全面依法治国要求。

贯彻依法治军战略是系统工程，要统筹全局、突出重点，以重点突破带动整体推进。要深化军事立法工作，打好政策制度改革攻坚战，提高立法质量，增强立法系统性、整体性、协同性。要做好法规制度实施工作，落实联合作战法规制度，深化依法治训、按纲施训，强化我军建设规划计划刚性约束，严格依法加强部队管理。要强化法规制度执行监督工作，明晰责任主体和评估标准，健全监督机制，严格责任追究，确保法规制度落地见效。要加强涉外军事法治工作，统筹谋划军事行动和法治斗争，健全军事领域涉外法律法规，更好用法治维护国家利益。

要汇聚贯彻依法治军战略强大合力。军委要加强组织领导，各级要认真履职尽责，法治工作机构要发挥好职能作用，领导干部要带头依法指导和开展工作。中央和国家机关、地方各级党委和政府要强化国防意识，自觉履行法定的国防建设职责，依法保障好军队建设、军事行动和军人合法权益。

全军要抓紧抓实备战打仗工作，协助地方做好维护社会大局稳定工作，及时有效处置各种突发情况，保持国家安全稳定，完成好党和人民赋予的各项任务。

全面加强我军人才工作，更好发挥人才对强军事业的引领和支撑作用[*]

（二〇二二年七月二十八日）

习　近　平

实施新时代人才强军战略，推动军事人员能力素质、结构布局、开发管理全面转型升级，锻造德才兼备的高素质、专业化新型军事人才，对实现党在新时代的强军目标、把我军全面建成世界一流军队具有十分重要的意义。要贯彻中央人才工作会议精神，做好中央军委人才工作会议下篇文章，深入实施新时代人才强军战略，更好发挥人才对强军事业的引领和支撑作用。

强军之道，要在得人。党的十八大以来，党中央和中央军委把实施新时代人才强军战略摆在强军事业发展突出位置，在重振党管人才政治纲纪、立起为战育人鲜明导向、优化人才队伍建设布局、深化人力资源政策制度改革、推动人才领域开放融合等方面下了很大气力，

＊ 这是习近平同志主持中共十九届中央政治局第四十一次集体学习时讲话的要点。

我军人才工作取得历史性成就。

世界进入新的动荡变革期，我国国家安全形势不稳定性不确定性增大。未来五年，我军建设的中心任务就是实现建军一百年奋斗目标。要增强忧患意识、责任意识、进取意识，全面加强我军人才工作。

要把握军事职业特点和军事人才发展规律，提高人才工作针对性和实效性，确保培养的人才符合强军事业需要。要坚持从政治上培养、考察、使用人才，把党对军队绝对领导贯彻到人才工作各方面和全过程，确保枪杆子始终掌握在对党忠诚可靠的人手中。要把能打仗、打胜仗作为人才工作出发点和落脚点，紧跟战争形态演变趋势，提高备战打仗人才供给能力和水平。要加强现代科技特别是军事高技术知识学习，增强科技认知力、创新力、运用力，以科技素养提升促进能力素质升级。

要深入破解制约我军人才工作的突出矛盾和问题，统筹推进识才、聚才、育才、用才等各方面改革创新。要坚持走好人才自主培养之路，拓宽培养渠道，创新培养模式。要贯彻新时代军事教育方针，落实院校优先发展战略，深化我军院校改革。要坚持在重大任务和斗争一线培养和发现人才。要创新军事人力资源管理，系统规划各类人员职业发展路径，实行精准调控配置，推开常态有序交流。要强化为人才服务的理念，在科学评价、正向激励、扶持保障等方面综合施策。要形成具有军事职业比较优势的人才制度体系，加强政策制度配套建设，抓好新老政策制度转换衔接。

做好我军人才工作，离不开全党全国各方面大力支持。要加强军地沟通协作，坚持军事需求导向，搞好规划对接、政策对接、工作对接，推动我军人才工作深度融入人才强国建设。中央和国家机关、地方各级党委和政府要强化国防意识，一如既往关心我军人才工作，在相关政策制定、资源共享等方面给予支持配合，在军人家属随军就业、子女入学入托、优抚政策落实和退役军人保障等方面积极排忧解难，齐心协力把我军人才工作做得更好，为推进强军事业贡献力量。

实现建军一百年奋斗目标，
开创国防和军队现代化新局面*

（二〇二二年十月十六日）

习　近　平

　　如期实现建军一百年奋斗目标，加快把人民军队建成世界一流军队，是全面建设社会主义现代化国家的战略要求。必须贯彻新时代党的强军思想，贯彻新时代军事战略方针，坚持党对人民军队的绝对领导，坚持政治建军、改革强军、科技强军、人才强军、依法治军，坚持边斗争、边备战、边建设，坚持机械化信息化智能化融合发展，加快军事理论现代化、军队组织形态现代化、军事人员现代化、武器装备现代化，提高捍卫国家主权、安全、发展利益战略能力，有效履行新时代人民军队使命任务。

　　全面加强人民军队党的建设，确保枪杆子永远听党

---

　　*　这是习近平同志在中国共产党第二十次全国代表大会上的报告《高举中国特色社会主义伟大旗帜，为全面建设社会主义现代化国家而团结奋斗》的一部分。

指挥。健全贯彻军委主席负责制体制机制。深化党的创新理论武装，开展"学习强军思想、建功强军事业"教育实践活动。加强军史学习教育，繁荣发展强军文化，强化战斗精神培育。建强人民军队党的组织体系，推进政治整训常态化制度化，持之以恒正风肃纪反腐。

全面加强练兵备战，提高人民军队打赢能力。研究掌握信息化智能化战争特点规律，创新军事战略指导，发展人民战争战略战术。打造强大战略威慑力量体系，增加新域新质作战力量比重，加快无人智能作战力量发展，统筹网络信息体系建设运用。优化联合作战指挥体系，推进侦察预警、联合打击、战场支撑、综合保障体系和能力建设。深入推进实战化军事训练，深化联合训练、对抗训练、科技练兵。加强军事力量常态化多样化运用，坚定灵活开展军事斗争，塑造安全态势，遏控危机冲突，打赢局部战争。

全面加强军事治理，巩固拓展国防和军队改革成果，完善军事力量结构编成，体系优化军事政策制度。加强国防和军队建设重大任务战建备统筹，加快建设现代化后勤，实施国防科技和武器装备重大工程，加速科技向战斗力转化。深化军队院校改革，建强新型军事人才培养体系，创新军事人力资源管理。加强依法治军机制建设和战略规划，完善中国特色军事法治体系。改进战略管理，提高军事系统运行效能和国防资源使用效益。

巩固提高一体化国家战略体系和能力。加强军地战略规划统筹、政策制度衔接、资源要素共享。优化国防科技工业体系和布局，加强国防科技工业能力建设。深化全民国防教育。加强国防动员和后备力量建设，推进现代边海空防建设。加强军人军属荣誉激励和权益保障，做好退役军人服务保障工作。巩固发展军政军民团结。

人民军队始终是党和人民完全可以信赖的英雄军队，有信心、有能力维护国家主权、统一和领土完整，有信心、有能力为实现中华民族伟大复兴提供战略支撑，有信心、有能力为世界和平与发展作出更大贡献！

图书在版编目（CIP）数据

中国共产党军事工作重要文献选编. 第三卷／中共
中央党史和文献研究院，中国人民解放军军事科学院编.
—北京：中央文献出版社：解放军出版社，2023.7

ISBN 978-7-5073-4960-3

Ⅰ．①中… Ⅱ．①中… ②中… Ⅲ．①中国共产党-
军事-工作-文献-汇编 Ⅳ．①E297

中国国家版本馆 CIP 数据核字（2023）第 137011 号

中国共产党军事工作重要文献选编

ZHONGGUO GONGCHANDANG JUNSHI GONGZUO ZHONGYAO WENXIAN XUANBIAN

第 三 卷

中共中央党史和文献研究院
中国人民解放军军事科学院 编

中央文献出版社
解放军出版社 出版

http://www.zywxpress.com

北京市西城区前毛家湾 1 号　邮编：100017
电话：010-83089394／83072509／83089319／83089404／83089317
北京市西城区地安门西大街 40 号　邮编：100035
电话：010-66531659／66531670／66736698

河北鹏润印刷有限公司印刷

787 毫米×1092 毫米　16 开本　21 印张　191 千字
2023 年 7 月第 1 版　2023 年 7 月第 2 次印刷

ISBN 978-7-5073-4960-3　　定价：45.00 元